EL NUEVO CAMINO - CASOS LEGALES

CHARALEE GRAYDON   Autora

SARA ALBERICH SANZ   Traductora

XESUS VARELA   Fotógrafo

ISBN: 1540458660
ISBN 13: 9781540458667

Los nombres propios y los hechos de esta novela son ficticios, así como las leyes del mismo, las cuales han sido creadas en base a las definiciones legales del mismo. En este trabajo se abordan leyes ficticias las cuales tendrán validez únicamente en este libro.

CONTENIDO

ADÉNTRATE EN EL VIAJE DE BÚSQUEDA

DE LOS COMPORTAMIENTOS

ENIGMÁTICOS MENTALES

CAPÍTULO 1

BAILANDO CON UN LEOPARDO – CASOS DE VIOLENCIA DE GÉNERO

TU ERES EL ESPECTADOR

Mi nombre es Fiona. Quiero contaros mi historia de amor con my novio Tom.

Era una tarde fría de noviembre. Salí del trabajo y regresé a casa con Greg, un compañero de la oficina, para prestarle un libro que le había recomendado. Al llegar a casa, Tom nos saludó, no obstante, parecía descontento por algo. Momentos más tarde, justo cuando estábamos a punto de cenar, me dijo qué iba mal. Tom me acusó de tener una aventura con Greg. Yo le expliqué que es no era cierto pero no logre hacerle entrar en razón.

Con voz violenta dijo: "He visto cómo os miráis. Se que estás teniendo una aventura con él. No intentes negarlo".

Cuando yo reí, Tom perdió la compostura y me gritó diciendo "¡Zorra, no te rías de mí! ¡Ya se como eres!" Yo sabía que Tom era sensible y se ponía muy celoso cuando hablaba con otros hombres.

Cuando tenía cinco años, Tom fue abandonado y posteriormente criado por una madre descuidada con su hijo que vivía con su hijo al mismo tiempo que con diferentes hombres aún cuando Tom iba haciéndose mayor.

Intenté calmar la situación diciendo que Greg era demasiado gordito para mi gusto. Caminé detrás de Tom para acariciar su cuello. Él me agarró del brazo y con voz amenazante dijo: "Se lo que quieres de mi". Me empujó abajo en la entrada hasta la habitación, donde me abalanzó sobre la cama. Yo estaba llorando e intentando levantarme.

"Eres una zorra", me dijo gritándome.

Estaba aterrorizada pero intenté mantener la compostura para no provocarlo. No entendía porque Tom estaba actuando de esa manera. Cogió uno de los cojines de la cama y lo puso sobre mi cara. No podía respirar. Mi único pensamiento era: "esto es el fin. Va a asfixiarme".

Por alguna razón, él dejó de atacarme. Rato suficiente como para poder escapar, saltar y salir corriendo de allí. ¿Por qué me dejó escapar? Quizás fuese un juego para dejarme libre y entonces seguirme como a un animal atormentado. Me cogió cuando yo estaba huyendo por la puerta para salir a la calle. Me arrastró hasta adentro de la casa de nuevo, empezó a tambalearme y a golpear mi cabeza contra la pared. Sus manos agarrándome del cuello, estaban asfixiándome. No podía soportar el dolor. Caí perdiendo parcialmente el conocimiento. En ese momento supe que ya no podía controlar sus acciones o impedir que acabara con mi vida.

Me había evadido de la realidad de su cólera, de su odio por algo ajeno a mí, sumergida en la serenidad de la nada y en la paz de la oscuridad.

Cuando recuperé el conocimiento, escuché a Tom decir: "¡Debería matarte!" No hubieses tenido que traerlo contigo a casa".

Escuché como llamaban a la puerta, dos agentes de policía estaban allí. Alguien habrá llamado a la policía. El oficial dijo que habían recibido el aviso de que se habían escuchado gritos provenientes de esa casa. El agente preguntó si todo iba bien. Todo lo que pude decir fue "¡por favor, ayúdenme!"

El agente no preguntó más. Con serenidad y profesionalidad, me sacaron de allí. Intenté no llorar. El agente, no era ajeno a estos casos de violencia doméstica, dijo que me trasladarían al hospital. Vi como el otro agente entró en la casa para hablar con Tom.

En el hospital, me sometieron a pruebas de reconocimiento por evidentes signos de violencia. Analizaron si presentaba huesos rotos, fracturas y daños en el cráneo apreciables. El agente de policía me comunicó que Tom no estaría en casa cuando yo volviera. Tom había sido arrestado y acusado de agresión física. El oficial me preguntó si Tom me había agredido en otra ocasión. Mi respuesta fue "demasiadas veces". Expliqué que nunca había llamado a la policía porque creía que podíamos resolver nuestros problemas juntos.

Supe que Tom fue enviado a la cárcel. La policía dijo que Tom se declaró culpable y fue sentenciado a veinticuatro meses de prisión. No tuve que ir a juicio. El proceso finalizó con rapidez y Tom fue enviado a la cárcel. Seguí con mi vida como si nada hubiera pasado. Sin embargo, sabía que esto no había acabado. No sabía que hacer. Consideré la opción de mudarme, pero sabía que Tom acabaría encontrándome.

Efectivamente, cuando Tom fue liberado de la cárcel, regresó a mi casa. Era un domingo y yo estaba en la casa. Él llamó al timbre y dijo que quería hablar conmigo. Me comunicó que había sido recientemente liberado de la cárcel y que no tenía adonde ir. Me suplicó que lo perdonara y que lo aceptara de vuelta a casa. Me dijo que había cambiado y que había asistido a unos cursos en prisión donde había aprendido a lidiar con sus problemas. Concluyó su petición afirmando que el instructor del cursillo le explicó que tenía trastornos afectivos y le proporcionó vías para superar su falta de confianza hacia los demás y sus ataques de celos. Tom me dijo que me explicaba todo esto con tal de tranquilizarme y hacerme sentir segura junto a él.

No sabía que hacer, pero sabía que no podía permitir que Tom volviera a mi casa. No podía tolerarlo.

Sin embargo, Tom no me prestó atención alguna. Cuando dije que no aprobaba su regreso a la casa, su comportamiento hacia mí cambió por completo. Me dijo que era mejor que le dejara entrar y que le diera una segunda oportunidad. Mencionó que había vuelto a mi casa porque me quería y porque iba a hacer las cosas bien. No sabía que hacer. Estaba atemorizada por su manera de hablar. Cuando alcanzó agarrarme del brazo, noté la fuerza con la que me agarraba y supe que no iba a cambiar nada seguir discutiendo. Él estaba dispuesto a volver a mi casa.

No me puse en contacto con la policía ni le dije a nadie que Tom había vuelto a mi casa. Consideré que era mejor esperar a que se cansara de mí. Era consciente de que habían existido otras mujeres antes que yo y pensé que si me mostraba distante, acabaría superándolo.

No pasó mucho tiempo cuando me di cuenta de que se ausentaba fuera de la casa y llegaba tarde por las noches. Dijo que quedaba con un hombre que había sido también liberado de la cárcel. Mencionó que este hombre estaba casado y que vivía en la ciudad con su familia. Pensé que era algo positivo para Tom tener amigos. Él nunca invitó a ese hombre a mi casa, pero por los comentarios que hacía Tom, sabía que pasaban tiempo juntos por los bares. Nunca mencionó nada acerca de la esposa o la familia de ese hombre. Al cabo del tiempo, Tom empezó a llegar cada vez más tarde a casa por las noches.

Mi trabajo consistía en trabajar en la ciudad y otros lugares, por lo que me mantenía ocupada. No tenía tiempo para preocuparme por lo que hacía Tom a diario. Me dijo que estaba buscando un trabajo fijo pero que no había podido encontrar nada. No obstante, parecía tener dinero en efectivo, por lo que supuse que habría encontrado algo de trabajo. Él sabía perfectamente que yo estaba pagando por la hipoteca, la electricidad, teléfono y comida. No me importaba hacer todo eso hasta que Tom me pidió todavía más.

Tom empezó a presionarme para que le ayudara a encontrar un trabajo permanente. Dijo que quería comprar un coche nuevo para utilizarlo en sus posibles futuros trabajos.

Comentó que sería estúpida si no le ayudaba porque si él tuviese un trabajo mejor, me ayudaría con los gastos de la casa. Me pidió que firmara un préstamo con tal de que él pudiese comprar un coche y cuando yo me negué, se puso furioso y se marchó de la casa.

Yo rezaba para que hubiese decidido no volver conmigo. Seguí sin contactar con la policía y tampoco le dije a nadie que Tom había vuelto a formar parte de mi vida. Únicamente cerré los ojos y deseé que no volviese.

Una semana más tarde, volvió. Nunca mencionó donde había estado, ni yo le pregunté. Tom había vuelto a mi casa pero no quería hablarme. Era obvio que seguía enfadado por lo del préstamo. Cuando me hablaba, era para criticar algo de lo que había hecho.

Supe que las cosas iban a empeorar y que lo mejor sería que hiciese planes para alejarme de el por mi propia seguridad. Lo único que le dije a Tom fue que tenía que ausentarme la semana próxima debido a un viaje de negocios. Mi trabajo como asesora comercial para una compañía de seguros requería a menudo viajar y Tom parecía no darse cuenta de que era algo fuera de lo normal dentro de mi rutina laboral. Él no sospechaba que yo iba a dar de baja la calefacción, la electricidad y el teléfono cuando me marchara. Todo estaba a mi nombre y no tendría problemas en dar de baja los servicios. Solo tenía que aguantar una semana más el comportamiento de Tom y no alertarlo de lo que estaba tramando. Una vez me hubiese marchado, ya podía poner la casa a la venta y mudarme a otra ciudad. Contacté con unos amigos quienes me dijeron que podía instalarme con ellos por un tiempo. Con estos planes en marcha, esperaba ansiosa marcharme de viaje de negocios.

Tom llegó a casa temprano, deberían de ser la una o las dos de la madrugada. Al tiempo que me asomaba por la ventana del dormitorio que daba a la entrada vi que se dirigía a la entrada con dificultad. Vi que llevaba algo en sus manos. Tal y como abrió la puerta, le dije: "¿Tom estás bien?"

Me levanté de la cama y me lo encontré en la puerta cuando él entraba a la habitación. Llevaba algo envuelto en una toalla. Forcé la vista para ver qué era. La toalla cubría lo que escondía dentro.

Me agarró y me arrastró hasta la cocina, empujándome, me obligó a sentarme en una silla diciéndome: "¡Siéntate ahí y no te muevas!"

Estaba temblando e intentaba no moverme, temiendo que al mínimo movimiento que hiciese se abalanzaría a agredirme.

Su mirada lo delataba. Estaba bajo los efectos del alcohol o de las drogas. Caminaba de un lado al otro de la cocina. De repente, empezó a desplegar la toalla. Fue entonces cuando pude ver un destello de acero y descubrí el cuchillo que escondía escondido dentro de la toalla.

No lo dudé ni un segundo. Pulsé el botón de llamada de socorro que llevaba en el collar.

Tom se puso enfrente de mí con el cuchillo. Sabía que iba a matarme. Pude ver como me miraba fijamente diciendo "No puedes dejarme". Se desplazó a un lado para poder agarrarme del brazo. Vi la cólera en sus ojos al mismo tiempo que yo le suplicaba gritando: "¡No, Tom, No!" Intenté defenderme abalanzando mis brazos hacia él e intenté coger el cuchillo.

Estaba acuchillándome y mi sangre derramándose era interminable y el dolor insoportable. Era consciente de que Tom era el único que podía oír mis gritos de desesperación. Al mismo tiempo que escuché unas sirenas, él extendió sus brazos hacia mí y la debilidad se apoderó de mi. Sentía como iba apagándome y caí al suelo desplomada.

PREGUNTAS

1) ¿Qué problemas sociales son abordados en este caso?

_____
_____
_____

2) ¿Qué problemas tenía Tom?

_____
_____
_____

3) ¿Qué problemas tenía Fiona?

_____
_____
_____

4) ¿De qué manera influye el género en esta historia?

_____
_____
_____

5) ¿Crees que las partes afectadas hubieran podido resolver sus problemas por su cuenta?

_____
_____
_____

6) ¿Crees que un proceso de mediación[1] hubiese sido factible para resolver sus problemas?

Sí ___ No ___

¿Por qué?

_____
_____
_____

7) ¿Es la mediación en algún caso apropiada para resolver casos de violencia de género?

Sí___ No___

---

[1] Ver Anexo B para consultar la definición de mediación.

¿Por qué?

_____

_____

_____

8) ¿Es evidente la distinción entre el agresor y la víctima en este caso?

Sí___ No___

¿Por qué?

_____

_____

_____

SOLICITUD ANTE EL TRIBUNAL

NÚMERO DEL CASO 52163-L
22 DE SEPTIEMBRE, 2007

Presenté una solicitud para conseguir una orden de desahucio, una petición para volver a mi casa, una orden de alejamiento[2] contra mi ex marido, Pierre Brun.

No estamos juntos desde el 6 de agosto, de 2006.

Pierre es francés, lo conocí cuando fui de vacaciones a Taris en mayo de 2014. Contrajimos matrimonio en Blenham, Torcia, en julio del mismo año. Encontré trabajo en Blenham, por lo que decidimos comprar una casa en ese lugar. Tuve que pagar la fianza ya que Pierre no tenía trabajo ni ahorros. Pierre no hablaba inglés por lo que no podía encontrar trabajo en Blenham, era una comunidad de habla inglesa. Antes de casarnos, Pierre había trabajado como camarero a media jornada en Taris y me convenció de que era una buena idea abrir un restaurante francés en Blenham. Acordamos que Pierre llevaría el restaurante y yo continuaría mi trabajo como fisioterapeuta.

Pierre había estado un mes insistiendo en que solicitara un crédito bancario para comprar un local que él usaría para abrir su negocio. Finalmente, acabé aceptando su petición y la solicitud me fue concedida. Pierre me dijo el día anterior que había tenido una reunión con el agente inmobiliario para negociar un acuerdo sobre la propiedad del restaurante. Me dijo que sería necesario sacar la suma de 80.000 dólares de nuestra cuenta bancaria para dicho fin.

---

[2] Ver Anexo B para consultar la definición de orden de alejamiento.

Los registros bancarios muestran que Pierre llevó a cabo una retirada de efectivo de nuestra cuenta de 80.000 dólares la mañana de agosto de 2006. No obstante, resultó ser que había sacado dicha cantidad para su uso personal, no para comprar un local y abrir dicho negocio. Averigüé que había estado teniendo una aventura con otra mujer y que había llevado a esa mujer de viaje a Rehna. Gastaron nuestro dinero en hoteles, casinos y diversión. De hecho, después de que él se marchara el 6 de agosto, fue al banco, sacó el dinero y se fue con su amante a Rehna.

En septiembre, supe que no iba a volver a vivir conmigo. Empecé con los trámites del divorcio y solicité la distribución de bienes. Todos los procedimientos fueron notificados correctamente a Pierre; sin embargo, él nunca presentó defensa alguna ni tampoco confirmó recibir ninguna notificación.

El Tribunal hizo una orden provisional el 1 de noviembre de 2006, a condición de que el hogar conyugal fuese mi lugar de residencia hasta que los trámites de divorcio y del régimen matrimonial concluyeran. (Orden provisional, Noviembre 2006).

Averigüé por un conocido, que la relación de Pierre con la otra mujer, Maite, no había marchado bien. Al parecer, Maite también le había entregado a Pierre una gran cantidad de dinero tras prometerle que abrirían juntos un restaurante. La persona que me facilitó la información, supuso que ésta sería el mismo tipo de promesa que me hizo a mí y supo que nos había utilizado a las dos. Esta persona me dio el número de la amante, Maite, ya que pensó que quizá querría hablar con ella.

No seguí adelante con los trámites de divorcio y de separación de bienes. Estaba en un estado de shock por lo que me había pasado y no me veía capaz de asimilar que mi matrimonio había fracasado. Sin embargo, no pude dejar a un lado todo aquello, ya que el 11 de febrero, Pierre me llamó.

Me habló como si nunca me hubiese dejado, "Linda, mi amor, voy a volver pronto para que podamos concretar el acuerdo de nuestro local. Quiero prepararlo contigo asolas, sin esos codiciosos abogados".

Acepté reunirme con él, pero después de tres encuentros, quedó claro que no íbamos a ponernos de acuerdo en nada. Si no se salía con la suya, golpeaba la mesa con su puño y me gritaba. Los encuentros no sirvieron de nada y todo aquello me causó mucho estrés y miedo. Llegué a estar muy asustada por la agresividad que mostraba hacia a mí. Él era firme con su postura. Quería tener derecho a la mitad de todos los bienes. Yo no creía que él tuviera derecho a la mitad de nada porque yo era la que había acumulado los ingresos y la mayoría de ellos antes de contraer matrimonio. Le dije a Pierre que no me llamara hasta que no tuviese un abogado. Eso provocó que me gritase y me llamase "estúpida zorra".

Hizo caso omiso cuando le pedía que no me llamara más y, como era de esperar, me llamó otra vez en junio diciendo, "Linda, tenemos que vernos. Hemos de resolver muchas cosas. Quiero que arreglemos esto".

Su tono de voz fue frío y yo le hice saber que no me reuniría con él a menos que tuviese un abogado.

"¡Puta codiciosa!" Dijo él. Acto seguido, colgó el teléfono.

Al poco tiempo, empezó a venir a la casa sin mi consentimiento. Cuando lo veía acercarse a la casa, me escondía y no respondía al timbre. Una noche de junio, Pierre tocó al timbre y llamó a la puerta. Yo no respondí cuando golpeó la puerta gritando "Déjame entrar Linda, sé que estás ahí, quiero que esto acabe". Temía que tirara la puerta abajo, pero finalmente se marchó.

No llamé a la policía esa noche porque no había procedido a tramitar el divorcio y porque creía que debido a eso, el Tribunal no me ayudaría. Sin embargo, llamé a la otra mujer y le dije quién era y le conté que Pierre había estado intentando entrar en mi casa sin mi consentimiento. Le pregunté si seguía manteniendo contacto con él para que le dijese que me dejara en paz.

Maite no pareció sorprendida al escuchar mis afirmaciones pero fue rápida con su respuesta: "Puse una orden de alejamiento contra ese bastardo". Pierre me rompió el brazo y amenazó con matarme. Actualmente estoy endeudada debido al dinero que le dí para abrir un restaurante. También pidió dinero prestado a mis padres, el cual nunca fue devuelto. Fue la peor relación que he tenido en mi vida. Este hombre no tiene escrúpulos. No quiero ningún tipo de relación con ese hijo de puta".

Maite continuó hablando… "En Rehna yo era su princesa. Nada era demasiado caro para la encantadora Maite. Pero una vez le di el dinero para que abriese su negocio las cosas cambiaron. Nuestra relación pasó a ser inaceptable. Era agresivo y crítico, diciéndome que no tenía sentido del negocio y que esa era la razón por la que no teníamos clientes. El maltrato verbal iba en aumento y en Junio, en medio de una discusión sobre el dinero, me golpeó la cara y me rompió el brazo y me amenazó de muerte. Un vecino escuchó mis gritos y llamó a la policía. Pierre fue arrestado y acusado por amenazarme y por agredirme causándome daños físicos. Se que ha sido puesto en libertad y que está en alguna parte en Blenham".

"No tengo ni idea de donde puede estar", dijo suspirando. Lo único que puedo hacer es ir al el Tribunal y decirle al juez lo que Pierre me hizo. Maite prosiguió diciendo que podía utilizar la información que me estaba contando si fuese necesario.

Estaba atónita por lo que Pierre le había echo a esa mujer y debido al comportamiento de Pierre la noche anterior, llamé inmediatamente a la policía. Me comunicaron que tenía que ir a la comisaría de policía para presentar una queja.

Fui a la comisaría y expliqué las preocupaciones con respecto a su comportamiento agresivo por mi propia seguridad. Como resultado de mi concurrencia, la denuncia 63089 fue archivada.

Cuando volví a casa descubrí que Pierre había dejado un mensaje de voz en mi contestador exigiéndome que me reuniese con él inmediatamente. Recibí otra llamada el 14 de junio, pero no cogí el teléfono porque sospechaba que sería él y no me equivocaba. Pierre dejó otro mensaje en el contestador: "Linda, tenemos que quedar en tu casa. Cariño, necesito tu ayuda".

Volví a comisaría ese mismo día y puse una segunda denuncia, Denuncia 63089-2. Estaba aterrorizada al escuchar su mensaje. Me fue concedido un agente de policía que me escoltara hasta casa. Como era de esperar, Pierre estaba esperándome fuera de la casa. El agente de policía no lo dudó. Una vez confirmó que era Pierre, el agente lo arrestó inmediatamente. Después supe que había pasado la noche en el calabozo pero al día siguiente fue liberado, le impusieron un aviso por acoso y le advirtieron que no volviera a acercarse a la casa.

A pesar de la advertencia, Pierre continuó merodeando por la zona donde yo vivía. Lo vi caminando por la calle, pero no se acercó a la casa. Sin embargo, al poco tiempo Pierre ignoró el aviso por completo.

El 11 de julio, lo vi merodeando por los alrededores de la zona y llamé al número de emergencia que me había dado la policía. Pierre se acercó a la casa y llamó al timbre. No contesté al timbre y esperé a que llegara la policía. Afortunadamente, la policía llegó de inmediato y Pierre fue arrestado. El arrestó derivó en una orden de alejamiento el 12 de julio. A pesar de que la orden de alejamiento lo mantenía alejado de mí, era consciente de que Pierre continuaba en libertad pudiendo ir por la calle con total libertad.

Me sentí presa en mi propio vecindario. No sabía en qué momento iba Pierre a ignorar la orden de alejamiento y temía por mi seguridad.

Mis niveles de estrés eran tan altos que a finales de julio, decidí irme de Blenham por un mes. En ese mes, dejé la casa vacía. Pedí a los vecinos que vigilaran la casa por mi y que me hiciesen saber si Pierre volvía.

A finales de agosto, recibí un mensaje en Facebook comunicándome que Pierre se había instalado en mi casa de nuevo. Al parecer, había contactado con un cerrajero y se mudó a la casa de nuevo en 26 de agosto.

Volví a Blenham un largo fin de semana largo de septiembre. Me he instalado con mis amigos. No podía volver a casa porque Pierre estaba viviendo allí. No puedo creer lo que me está pasando; no puedo volver a mi propia casa por miedo a las consecuencias.

He venido a pedir ayuda al Tribunal. He solicitado que las órdenes que he impuesto sean llevadas a cabo: una orden de desahucio, una petición para volver a mi casa y una orden de alejamiento contra mi ex-marido.

Espero haber proporcionado información suficiente para explicar mi situación. También quiero hacerles saber que he seguido pagando por los gastos, la hipoteca y el seguro. Pierre no ha contribuido a pagar nada. Ha vuelto a la casa y ha tenido acceso a todos mis documentos personales, mi ordenador, mis muebles, todo. Quiero destacar lo más importante, que temo por mi seguridad.

Linda Brun

PREGUNTAS

1) ¿Qué medidas crees que el Tribunal hubiese tenido que tomar?

Orden de desahucio   Sí___ No___

Apelación que hiciera posible el regreso

de Linda a su propiedad   Sí___ No___

Orden de alejamiento   Sí___ No___

2) ¿Crees que alguna de las sentencias hubiese sido apropiada?

Añada una marca de verificación al lado de la sentencia que elija.

Mediación ___

La libertad condicional y asesoramiento para el acusado ___

Libertad vigilada con asesoramiento de los movimientos del agresor ___

Ingreso en prisión del acusado ___

En tal caso, ¿por qué?

_____
_____
_____

3) ¿Es evidente la distinción entre el agresor y la víctima?

   Sí___

   No___

REBECA Y DAVE

La primera vez que lo vi fue la belleza de su cuerpo lo que llamó mi atención. Estaba hipnotizada por su belleza. Cuando entró al gimnasio llevaba únicamente unos shorts y unas deportivas. Sin su camiseta, sus esculpidos brazos y bíceps recordaban a las esculturas de Rodin. Algunos pensarían que la forma es demasiado perfecta. Cada parte y músculo de su cuerpo estaba bien definido. Sin embargo había algo robusto e salvaje en él que le hacía tener cierto atractivo. La sexualidad natural del hombre impedía que mirase hacia otro lado. Sabía que estaba invadiendo su espacio.

Imparto clases de Informática en la compañía Hanton Computer Systems. Estaba en Sportco, uno de los clientes de la compañía donde se me ofreció la posibilidad de hacer un seminario de informática con el propósito de formar a los instructores sobre el nuevo sistema informático que Sportco había creado. Mi primera impresión fue, ¿qué estoy haciendo? ¿Qué me pasa? ¿Por qué no puedo conformarme con mi marido Robert?

Robert es un juez y conoce bien la ciudad. Ayer fue un viernes cualquiera marcado por la rutina de siempre. Uno rapidito antes de cenar. Uno rapidito antes de cenar era lo que Robert quería. Era siempre lo mismo cuando regresaba a casa del Tribunal los viernes por la tarde, el sexo estaba presente en sus pensamientos. Quizás le parecía excitante tocarme después de escuchar gente discutiendo sobre dinero toda la tarde.

Siempre teníamos relaciones antes de cenar. Para mi no era hacer el amor, sino solo sexo. De hecho, me resultaba más bien molesto y desagradable, ya que no me daba tiempo ni de tomar una ducha relajante antes de vestirme para cenar. Era siempre con prisas, una ducha rápida y después el tiempo suficiente para pillar algo que ponerme antes de que tuviésemos que marcharnos.

Cuando llegué a la sala de conferencias de Sportco donde había impartido la clase, el hombre de Rodin estaba allí sentado en primera fila. Llevaba puesto una camiseta y unos pantalones vaqueros y estaba mucho más atractivo que antes. Entonces vi una robustez en sus modales que me parecieron muy intrigantes.

El estaba allí esperando a que yo leyera mi discurso. Nuestras miradas se encontraron y hubo cierta conexión inexplicable. Quería saber más de él y pude deducir por su mirada que él también quería saber más sobre mí.

Después del discurso, se detuvo para decirme que había disfrutado con mi discurso y me preguntó una duda sobre la capacidad de los nuevos ordenadores. Supe que su nombre era Dave. Su pregunta requería que obtuviese información del distribuidor de ordenadores. Eso me dio la oportunidad de intercambiar nuestros números de teléfono, cosa que hice con mucho gusto. Eso implicaba poder ponerme en contacto con él. Pude deducir por su manera de mirarme que estaba interesado en mí de algún modo u otro.

Fui a casa para prepararme para la noche del viernes con Robert y un grupo de sus amigos abogados. Había sido un largo día de trabajo y yo estaba reflexionando sobre mi incidente con Dave. Solo quería que acabara el rato de sexo con Robert, tomar una ducha y vestirme para cenar. No sabía que me estaba pasando. Era consciente de que debería sentirme feliz con Robert. El era un marido encantador. Era atento conmigo, era rubio y delgado, el típico vecino encantador en el que confiar. No pude explicar que es lo que faltaba. Era quizás, el elemento de misterio e intriga que tenía Dave.

Aunque era la rutina de siempre, algo hizo que Robert se diese cuenta de que no respondía a sus caricias. Después de que tuviésemos relaciones, se inclinó hacia mí y me dijo, "¿Rebeca, eres feliz? Tus ojos hermosos parecen distantes esta noche. Espero que te complaciera, cariño. No te notaba relajada".

Era buena actriz y me las apañé para decir mis frases de manera apasionada y con destreza. No lo entendería si le dijese la verdad. Le dije que estaba cansada y que el sexo era lo último que había en mi mente esa noche. Mi guión fue apropiado: "Bob adoro mi trabajo, pero te adoro a ti aún más. Eso pareció complacerle".

Dave me llamó la semana siguiente. Me invitó a un vaso de vino en un restaurante cerca de la oficina. Mi corazón se aceleró y cancelé mi cita para hacerme la manicura para poder quedar con él.

Un vaso de vino derivó en el siguiente y tras horas y horas estando juntos, me preguntó si quería volver a su apartamento para mostrarme todas las medallas que había ganado. No me importaba demasiado el motivo, simplemente me sentía feliz por haberme invitado a su apartamento. Sabía que no tenía que volver a casa porque Robert está en una Conferencia Judicial fuera de la ciudad. Finalmente, acepté la invitación de Dave encantada.

La noche pasó a ser una de éxtasis. Dave despertó deseos sexuales que no había sentido antes. Sentí como nuestros cuerpos se convertían en uno solo. Me llenó con su esperma y experimenté orgasmos intensos. La pasión de Dave me ocasionó mucho placer. Podía decir por fin que estaba haciendo el amor.

A partir de esa tarde tan especial, quedábamos en su apartamento cada sábado. Robert siempre se ausentaba a la oficina los sábados y le dije que iba al gimnasio a tomar unas clases para hacer ejercicio.

Dave quería algo más que encuentros esporádicos, pero eso era todo lo que podía ofrecerle. No quería que mi vida acomodada con Robert fuese interrumpida. Dave siguió insistiendo en que solicitara el divorcio con Robert y sugirió que iniciáramos una relación juntos con el dinero que había ahorrado de su trabajo como entrenador de acondicionamiento físico y con el dinero que obtendría con la separación de bienes conyugales. Él quería que construyésemos una nueva vida juntos, pero yo seguía evasiva, diciéndole que necesitaba más tiempo.

Llegué a su apartamento un sábado preparada para recibir mi dosis de relación sexual. Mi experiencia sexual con Dave se había convertido en una obsesión. Una vez había probado el placer, quería más.

Dave se mostraba malhumorado. Parecía como si algo hubiese cambiado. Una vez sentada, me preguntó si había hecho el amor con Robert aquella semana, algo que nunca me había preguntado antes. Le dije que estaba allí por él y que no quería hablar acerca de mi vida con Robert. Eso pareció no complacerlo y continuó presionándome con sus preguntas... "¿Es Robert un buen amante? ¿Te da lo que yo te doy?"

No respondí a la pregunta. Acto seguido, él siguió insistiendo diciéndome "Te he preguntado si Robert es un buen amante".

De nuevo, no respondí a su pregunta. Decidí que lo mejor era acabar con aquella conversación y con ese encuentro. Le dije que tenía que irme para hacer unas compras. No se me ocurría nada más que decir.

Intenté ponerme en pie para irme. Se puso de pie enfrente de mí y me agarró de los hombres para que no pudiese levantarme. Nunca había actuado de ese modo antes.

Empecé a llorar. Me agarró del brazo torciéndolo detrás de mi espalda. Cuando empecé a gritar, comenzó a golpearme. Era un hombre fuerte e intenté defenderme, pero no pude. Lo siguiente que recuerdo fue ver un oficial de la policía de pie delante de mí. Mi frente estaba sangrando y mi brazo me daba punzadas con un dolor insoportable. No podía recordar exactamente lo que había ocurrido. Debí haberme desmayado y me dejó tirada allí sola en el apartamento.

Después supe en el hospital que mi brazo estaba roto. Lo llevé en un cabestrillo durante tres meses. Mi cara ha cicatrizado pero seguía teniendo una cicatriz debajo de mi ojo.

Robert descubrió la agresión porque la policía lo llamó cuando me llevaron al hospital. La policía encontró mi diario en mi bolso. El diario contenía un número de teléfono en caso de emergencia, era el número de la oficina de Robert.

Cuando le comunicaron a Robert donde estaba, vino al hospital. La policía debió haberle explicado donde me encontraron porque Robert no me hizo muchas preguntas. Su manera de hablar era distante. Sus únicas palabras fueron: "Rebeca, te quería. ¿Cómo pudiste engañarme?"

Él me llevó del hospital a casa pero no quiso hablarme. Ese fue el final de nuestra relación. Conversábamos con poca frecuencia y no volvimos a salir a cenar ni a tener relaciones íntimas de nuevo.

Dave fue acusado por agresión causando daños físicos. Recibió una orden de comparecencia y tuve que asistir ante un Tribunal para testificar en su contra.

Era duro para mí hablar de lo que había pasado. De hecho, no podía asimilar lo que me había sucedido. Expliqué al Tribunal lo que era capaz de recordar del último día que estuve en el apartamento de Dave. El abogado de Dave no me sometió a un contra-interrogatorio.

Era evidente que Dave le había dado instrucciones a su abogado para que no me sometiese a ningún interrogatorio. Robert no asistió al juicio, probablemente porque no quería ver al hombre que había sido mi amante y el hombre que me había agredido. El abogado hizo saber al Tribunal que Dave no tenía antecedentes penales. A pesar de ese apunte, la nueva legislación cuyo propósito era erradicar la violencia contra la mujer, consideró que era obligatorio que Dave fuese enviado a la cárcel. El juez le aplicó una condena de tres meses de prisión sin opción a reducir la condena.

Sé que no veré a Dave nunca más. No quiero verlo. Él destrozó mi vida.

Robert solicitó el divorcio y la separación de bienes conyugales. Me será concedido un acuerdo de propiedades lucrativas, pero estaré sola. No tendré marido y me he convertido en la mujer escarlata de la comunidad jurídica.

Sé que lo que hice estuvo mal pero mi castigo no es justo. Perder a mi marido y a mis amigos era demasiado. No merezco esto.

PREGUNTAS

1) ¿Qué problemas sociales son abordados en este caso?

_____

_____

_____

2) ¿Qué problemas tenía Dave?

_____

_____

_____

3) ¿Qué problemas tenía Rebeca?

_____

_____

_____

4) ¿Es relevante el género en este caso?

_____

_____

_____

5) ¿Cree que las partes afectadas hubieran podido resolver sus problemas por su cuenta?

_____

_____

_____

6) ¿Crees que un proceso de mediación hubiese sido factible para resolver sus problemas?

Sí ___ No ___

¿Por qué?

_____

_____

_____

7) ¿Es la mediación[3] en algún caso apropiada para resolver casos de violencia de género?

Sí___ No___

¿Por qué?

_____
_____
_____

8) ¿Es evidente la distinción entre el agresor y la víctima en este caso?

Si ___ No ___

---

[3] Ver Anexo B para consultar la definición de mediación.

CLAUDE Y DEBBIE

Claude no haría nada para ponerse en contacto con su ex-novia, Debbie. Antes de la orden de alejamiento, él y Debbie habían estado juntos durante seis años. Él quería a Debbie y la quería recuperar.

Se las apañó para ahorrar suficiente dinero para volver a Torcia desde Gabot, un país en el Oriente Medio. Él era un trabajador en una compañía de petróleo.

Claude había ido de Torcia a Gabot. Fue un viaje largo y se sentía cansado por el viaje. Había ido en un vuelo desde Gabot a Emstadrem y de allí a Jervis. Seguía teniendo las llaves de su casa en Jervis, la casa donde él y Debbie habían vivido antes del incidente que le había ocasionado que se mudara a Gabot.

Sabía que a Debbie le había sido concedida la orden de alejamiento en su contra estableciendo que el no tenia derecho al contacto con ella y que no podía volver a su casa.

Cuando llegó a Jervis, decidió que Debbie probablemente lo habría perdonado por el incidente y creía que el podría ir a su casa para verla. Arreglaría las cosas con ella para que retirase la orden de alejamiento contra él.

Cuando llegó al aeropuerto, llamó a un taxi para que lo llevara hasta la casa de Debbie. Desafortunadamente, cuando intentó abrir la puerta de la casa, se dio cuenta de que la cerradura había sido cambiada. Llamó al timbre pero nadie respondió. Caminó alrededor de la casa para mirar a través de las ventanas y aparentemente no había nadie en casa.

Fue a la casa de al lado y habló con una vecina Elaine, quien le dijo que Debbie había estado en su casa por la mañana. La mujer dijo que Debbie mencionó que iba a visitar a su madre esa misma tarde.

Claude estaba tan decidido a hablar con Debbie, que le preguntó a Elaine si podía utilizar su teléfono para llamar a la madre de Debbie. Elaine le dejó usar su móvil e hizo la llamada a la madre de Debbie. Llamó a ese número de teléfono y contestó Debbie. Brevemente, Claude dijo, "Estoy en casa. He vuelto para estar contigo".

La respuesta de Debbie fue tajante. "No tienes ningún derecho a llamarme. Tengo una orden de alejamiento en tu contra. No tienes ningún derecho a estar en la casa". Acto seguido, colgué el teléfono.

Claude estaba decepcionado al conocer que ella no quería hablar con él. Había venido desde tan lejos y no iba a tirar la toalla sin antes ir a su casa a verla. Agradeció a Elaine el favor y se marchó.

Claude pensó que quizás fuese posible abrir la puerta del garaje. Como era de esperar, intentó abrir la puerta del garaje. Esa cerradura también había sido cambiada. Se puso furioso. "¡Joder, esta es mi casa! ¡Es mi garaje!"

Claude había escondido algunas drogas en el garaje y quería recuperarlas. Tiró la puerta del garaje abajo y entró para comprobar si las drogas seguían en el mismo sitio. Estaban allí. Encontró la bolsa de marihuana exactamente donde el lo había dejado. Fumó algo de marihuana y se relajó y puso el resto en su mochila de viaje. Claude estaba en un mundo de ensueño. Los recuerdos de las últimas veces que había estado en su casa, inundaban sus pensamientos. Su mente estaba confusa.

Podía sentir los labios de Debbie sobre los suyos. Ella le estaba besando. Él recordó que algo malo sucedió. La vio de pie delante de él mientras éste intentaba alcanzarla para tocarla. La cara de Debbie se volvió pálida. Él sabía que ella iba a golpearle. La vio caer. Él estaba huyendo.

Claude empezó a recordar lo que ocurrió. Él había vuelto para recuperar a Debbie. Claude ama a Debbie. Habían estado juntos durante seis años y tuvieron una relación fascinante. El único problema era la bebida y las drogas. Él las necesitaba. Necesitaba a Debbie.

Claude había estado bebiendo el día que el incidente pasó. Justo antes, este había estado mirando un partido de futbol con sus amigos y no volvió a casa hasta bien avanzada la noche. Claude no llamó a Debbie en todo el día para decirle dónde o cómo estaba.

Debbie había estado esperándole para volver a casa. Ella empezó a llorar cuando él llegó a la casa y se dio cuenta de que estaba borracho. Ella lo regañó por no haberla llamado y lo llamó "desconsiderado borracho egoísta". Claude se enfadó y le dijo que lo dejara a solas. Él recuerda como ella se dirigía hacia él para atacarlo. Recuerda intentar alcanzarla para empujarla. Recuerda como ella caía. Él sentía pánico y huyó de la casa corriendo y se marchó con el coche.

Debbie debió llamar a la policía porque Claude recuerda los destellos de luz del coche de los agentes persiguiéndole. Él era consciente de que había estado bebiendo e intentó evitar a la policía. Iba conduciendo a alta velocidad y atajaba su huída por callejones para que no lo encontraran. Su coche chocó con otro vehículo al tiempo que pasaba por un cruce y no tuvo más opción que detenerse y enfrentarse a la cruda realidad.

Fue arrestado y llevado a la comisaría de policía. Fue acusado por asalto a su pareja, por poner en peligro a otra persona y por conducción bajo los efectos del alcohol. Pasó la noche bajo custodia y fue liberado al día siguiente tras su promesa de asistir posteriormente ante el Tribunal. Recibió una notificación del Tribunal indicando el día que tenía que ir a juicio. Claude nunca se presentó el día acordado del juicio porque se al parecer, se encontraba trabajando en Gabot.

Claude se centra en su situación actual. Mira por la ventana del garaje y ve un coche de policía dirigiéndose hacia la casa. Ve como un oficial sale del coche y se da cuenta de que no puede escapar de allí. Está solo en el garaje.

Salió del garaje para hablar con uno de los agentes. El agente le dijo… "Usted no puede estar aquí, ¿Lo sabe no?" "Sé que no debería estar aquí, pero esta es mi casa y he venido a recuperar unos objetos personales. Nadie está en casa".

El agente le dijo que no había justificación posible, lo arrestó y lo detuvo. Claude sabía que la situación sería más problemática que la vez que tuvo que marcharse a Jervis meses atrás. Decidió declararse culpable por los cargos impuestos contra él. Creyó que habría menos repercusión mediática si se declaraba culpable. Un juicio atraería a los medios de comunicación y no quería ese tipo de propaganda o estrés. Sabía que era culpable de todos los cargos y quería que todo acabara de la manera más rápida posible, antes que ir a juicio.

Claude se declaró culpable de los cargos archivados antes de que se marchase a Gabot:

o   Acoso a su pareja sentimental;

Nota: La ley de Torcia impone un mínimo de sentencia de tres meses de encarcelamiento por acoso a la pareja.

o   Poner la vida de terceros en peligro.

Nota: La ley de Torcia impone en mínimo de sentencia de tres meses de encarcelamiento por poner en peligro la vida de terceros.

o   Conducción bajo los efectos del alcohol.

También se declaró culpable por los nuevos cargos de:

o   No comparecer ante el Tribunal.

o   Incumplimiento de la orden de alejamiento.

o   Posesión de marihuana (encontrada en la mochila de Claude).

Tras escuchar las presentaciones al abogado del Estado de Torcia, el juez le preguntó a Claude si tenía algo que decir.

Claude hizo la siguiente declaración:

"Todo lo que hice fue por amor. Amo a Debbie y se que Debbie todavía me ama. No puede rechazarme. La recuperaré".

PREGUNTAS

1) ¿Qué problemas sociales son abordados en este caso?

_____

_____

_____

2) ¿Qué problemas tenía Claude?

_____

_____

_____

3) ¿Qué problemas tenía Debbie?

_____

_____

_____

4) ¿Hasta qué punto es relevante el género?

_____

_____

_____

5) ¿Crees que las partes afectadas hubieran podido resolver sus problemas por su cuenta?

_____

_____

_____

6) ¿Crees que un proceso de mediación hubiese sido factible para resolver sus problemas?

Si___ No___

¿Por qué?

_____

_____

_____

7) ¿Es la mediación apropiada en algún caso para resolver problemas en casos de violencia de género?

Sí___ No ___

¿Por qué?

_____

_____

_____

8) ¿Es evidente la distinción entre el agresor y la víctima?

Sí___ No___

AUTO-EVALUACIÓN

Tiene la oportunidad de realizar una auto-evaluación después de leer los casos dentro del apartado "Bailando con un Leopardo – Casos de Violencia de Género".

Indica la puntuación que crees merecer según:

1) Identificación de los temas tratados en éste capítulo. ____
2) Sugerencias y comentarios que hayas hecho. ____
3) Habilidad ante la responsabilidad de tomar decisiones. ____

       TOTAL: ____

Puedes puntuarte desde la nota 0 (la más baja) a 5 (la más alta). Esto es un juego. Recuerda que no hay respuestas correctas o incorrectas.

CAPÍTULO 2

CASOS FAMILIARES

Los apartados de este capítulo contienen casos civiles y criminales. Los casos civiles constan de dos partes. Una de las partes, el demandante, solicita una acción legal iniciada contra la otra parte, el demandado. Los casos criminales son delitos establecidos por el Estado de Torcia en contra de un individuo por haber cometido un delito criminal, tal y como está descrito por la legislación penal de Torcia.

HERMANOS

Soy Hank. Hago uso de mi Harley para recoger chicas. Me gusta tirármelas sin tener que pagar nada, pero si necesito algo de cariño, estoy dispuesto a pagar para saciar mis deseos. Si merece la pena pagar, le doy cien pavos por la comida entera. Si no vale la pena, no pago. Una vez fui acusado de robo cuando la zorra fue a la policía a decirles que no le había pagado. Pero prefiero pasar unos días en el calabozo antes que pagar por un trato que no vale la pena.

Pagaría hasta cincuenta pavos por una felación. Me gusta la carne fresca y a menudo busco carne joven merodeando por el río esperando alguna faena. Ellas me hacen una felación por veinte pavos, más barato que en el centro de la ciudad, donde tengo que pagar cincuenta.

Cuando salimos del trabajo, me gusta hablar de cualquier cosa, disparates, con mis colegas mientras me tomo una cerveza fría. Nosotros somos techadores y es un trabajo bastante sucio. Cuando terminados el trabajo, nos gusta desconectar y relajarnos. Soy uno de los chicos con más historias que contar. La mayoría de las historias son ciertas pero otras son cosas que he leído en los periódicos sobre sexo que compro cada semana. Sin embargo, hay una historia que nunca cuento. Empezaba a sentirme como un hombre. Me levantaba por la noche empalmado y me complacía a mi mismo con mi mano.

Un día, cuando mi hermanita Jennie y yo estábamos jugando al escondite, le sugerí que me siguiera escaleras abajo desde mi habitación hasta el sótano. Dormía en el sótano porque se estaba más fresco allí abajo y porque me gustaba la privacidad. A Jennie le gustaba pasar tiempo conmigo. Cuando estábamos juntos, ella siempre me llamaba "hermano mayor Hank".

Apagué las luces para asegurarme de que nadie supiera que estábamos en el sótano. No tenía la intención de que tocara mis partes, pero no me pude resistir. Le pregunté si quería jugar con mis bolas. Me excité más y más hasta que eyaculé. Jennie me dijo que no le había gustado ese juego porque se ensuciaba todo. Le dije que tenía razón, que era muy desordenado y que no volveríamos a jugar a ese juego.

A la semana siguiente, Jennie me preguntó si tenía algún juguete para jugar con ella. Yo no quería ir al sótano otra vez, pero ella quería jugar y el sótano era el lugar más apropiado de la casa. Al principio jugamos "al escondite". Entonces empecé a jugar al mismo juego que habíamos jugado la semana anterior. A lo que ella dijo: "Hank, ¿no tienes otros juegos? Me prometiste que jugaríamos a otra cosa".

Yo le dije: "Jennie puedes ver como juego yo solo o puedes jugar conmigo. Tú decides."

Jennie decidió ver como jugaba yo solo. Todo iba bien hasta que algo se derramó encima de mí. Yo estaba furioso porque ella no había querido jugar al juego conmigo.

"Jennie si quieres estar conmigo, tienes que jugar".

Mi mente no recuerda exactamente lo que pasó. Pero se que hice algo que he lamentado el resto de mi vida. Me tiré a mi hermana ese día en el sótano. El grito fue horrible cuando surgió, no recuerdo si era el suyo o el mío.

Nunca les cuento esta historia a los colegas. Nunca más mencioné jugar en el sótano de nuevo. Después me preguntó porque ya no la quería y por qué razón ya no quería ser su amigo. Ella me había perdonado pero yo no había podido perdonarme y nunca podré hacerlo. Me tiré a mi hermana ese día en el sótano.

Ella pasó a ser una mujer preciosa. Los hombres giran la cabeza al verla por la calle. Actualmente trabaja como agente de ventas para una multinacional de gas. Jennie es una de los pocos que se las apañaron pasa encontrar un buen trabajo fuera del vecindario. Ahora vive en Everglades, la parte lujosa de la ciudad. Es la misma ciudad donde crecimos, pero hay dos partes diferenciadas; los suburbios, donde nosotros crecimos y la parte rica, Everglades.

Dejé esa ciudad atrás. No podía enfrentarme al hecho de la posibilidad de cruzármela por la calle. Me trasladé a una ciudad diferente a buscar trabajo.

Puesto que no era un buen estudiante, los únicos trabajos que podía encontrar eran los relacionados con la mano de obra. Se me daba bien todo lo relacionado con la construcción, por lo que llegué a ser un constructor. Empecé abriendo un nuevo negocio pero finalmente no funcionó.

Robé algo de madera a mi jefe para construir una caseta para la Harley. Por desgracia, mi jefe se enteró y pasé un tiempo en la cárcel. Cuando salí de allí solo logré encontrar trabajo ocasional como techador. Eso está bien supongo. Puedo encontrar trabajo cuando las cosas van bien y cuando no hay trabajo por los alrededores estoy desocupado. Eso a mi ya me viene bien porque de ese modo no tengo que estar en el mismo sitio mucho tiempo. Trabajar de obrero me permite mudarme de una ciudad a otra regularmente.

Jennie y yo somos hermanos, pero no hablamos del pasado. Cuando nos encontramos por eventos familiares, hablamos de nuestra vida cotidiana, el tiempo y el trabajo.

Me preocupa que ella vaya un día a la policía y presente cargos contra mí por agresión sexual. He oído que la gente puede presentar cargos por agresiones sexuales que les sucedieron en el pasado. Me hostiga el miedo por lo que pasó aquella tarde en el sótano.

No puedo olvidar su grito… Jennie podría acudir a la policía en cualquier momento.

PREGUNTAS

1) ¿Qué problemas sociales son abordados en este caso?
_____
_____
_____

2) ¿Si Hank es declarado culpable de agresión sexual, qué castigo le impondría?
_____
_____
_____

*Nota: En Torcia, la agresión sexual se penaliza con un máximo de diez años de cárcel. No hay pena mínima.

CAROLE, RON Y LA FAMÍLIA

INFORMACIÓN APORTADA POR CAROL

Estuvimos casados durante siete años. Tenemos dos hijos, Sam y Alan. Sam tiene nueve años de edad. Nació antes de que me casara con Ron. Sam es hijo de Ron pero llegó por sorpresa. Así mismo, esta sorpresa fue lo que propició que Tom me propusiese matrimonio.

Alan tiene siete años de edad. Él también es hijo de Ron, estoy segura de ello; es una copia de carbono de su padre.

Los primeros cinco años con Ron fueron bastante felices. Él me compraba muchos regalos: perfume, flores y joyas preciosas. Me llevaba a cenar al menos una vez a la semana.

Ron trabaja como contable en una firma internacional. Pasa la mayor parte del tiempo en el trabajo y cuando llega a casa, todo lo que hace es relajarse y mirar la televisión con Sam y Alan. A Ron le gusta llevar a los chicos a ver partidos de básquet y de futbol los fines de semana. Yo nunca iba con ellos, Ron se refería a esos días como "días de chicos".

Lo que en un principio me gustó de Ron fue que me hacía sentir importante y querida. Sus amigos son gente importante en la ciudad, por lo que estar con Ron en público también me hacia sentir importante. Soy consciente de que mi educación no está a la altura de la de Ron, pero eso pareció no ser relevante al principio. Tengo estudios en magisterio y trabajé durante dos años como profesora en una escuela de educación primaria antes de que naciera

Sam. Después de casarnos, decidimos que dejaría mi trabajo para poder ser ama de casa y cuidar de nuestros hijos.

Creía que sería capaz de lograr que Ron se interesase por las cosas que a mi me gustaban. Por desgracia, eso no ocurrió. Nuestras vidas llegaron a caer en la rutina. Él iba a trabajar mientras que yo me mantenía ocupada con mis propios intereses y cuidaba de los niños.

Tras siete años de matrimonio, me di cuenta de que la llama del amor se había apagado. Al final me di cuenta de que no teníamos nada en común. A mi me gusta la costura, cocinar y jugar a tenis. En cambio, su único interés era trabajar, mirar partidos de básquet y futbol por televisión o ir a los juegos.

Nuestra vida sexual había pasado a ser extremadamente aburrida. Hacer el amor se había convertido en una rutina, generalmente sucedía una vez a la semana. La mayoría de las veces, Ron quería hacer el amor los sábados por la mañana justo antes de que empezaran a retransmitir los partidos de básquet y futbol.

Fue decisión mía acabar con el matrimonio. Contraté a una abogada, Nicole Brown, para que me representara. Creía que tendría una probabilidad mayor de quedarme con la custodia de mis hijos si me representaba una mujer. Supuse que ella entendería mi situación mejor de lo que lo haría un hombre.

La señora Brown me comunicó que teniendo en cuenta que Ron y yo vivíamos por separado, los trámites del divorcio podrían tardar en ser alcanzados un año más tarde a partir de esa fecha. La abogada aclaró que conseguir el divorcio era la parte sencilla, sin embargo, la custodia de los hijos sería la parte más compleja.

Le hice saber a mi abogada que lograr la custodia exclusiva de los hijos era mi prioridad. Como respuesta, objetó diciendo que el Tribunal, normalmente está a favor de la custodia compartida y que debería presentar pruebas por las que el Tribunal debía concederme la custodia exclusiva de los hijos. Para tomar una decisión al respecto, mi abogada dijo que el Tribunal se hace la siguiente pregunta: "¿Qué es lo mejor para los niños?"

Yo le comenté a mi abogada que creía que lo mejor para los niños era que estuvieran con su madre, a lo que ella me respondió, que eso no era así en muchos los casos.

La razón por la que quería la custodia exclusiva era porque Ron y yo teníamos maneras muy distintas de educar a los niños. Yo considero que deben ser educados con mucha disciplina y Ron todo lo contrario. Él cree que nunca se debe usar la fuerza como castigo, como por ejemplo una zurra para hacerle saber al niño que ha hecho algo que está mal. Sin embargo, yo creo que en algunos casos no hay más alternativa que amenazarles de ese modo o utilizar un castigo semejante.

Por otra parte, nuestros puntos de vista eran totalmente diferentes en cuanto a la religión y la educación que creíamos debía recibir nuestros hijos. Yo quiero que los chicos se formen en un colegio bilingüe privado, en cambio Ron quiere que matricularlos en la escuela pública en la ciudad. Yo soy atea por lo que no quiero que a mis hijos les lave el cerebro la iglesia. Ron viene de un entorno religioso y cree firmemente que los chicos deberían ir a la iglesia.

Ron solicitó la custodia compartida. Él cree que deberíamos tomar las decisiones conjuntamente. Yo sé que eso no es posible porque nuestros puntos de vista son demasiado contradictorios.

Decidí que tenía que posicionarme por encima de Ron para poder ganar la batalla de la custodia. Soy consciente de que Ron tiene más dinero que yo y creía que merecía nivelar el campo de batalla de un modo u otro.

Había leído un artículo en un periódico de psicología evolutiva que trataba la idea de condicionamiento sobre menores. El artículo me convenció de que necesitaba mostrar al Tribunal que había construido un vínculo positivo con los niños por lo que la custodia me debería ser concedida a mí. Mi idea era hacer cosas para convencer a los niños de que yo era la mejor de los dos para que ellos dijeran al Tribunal que su voluntad era quedarse conmigo.

Empecé por comprar regalos a los chicos que les haría alejarse de los gustos de Ron como ir a partidos de básquet y de futbol a los que habían ido con su padre. Decidí apuntarles a clases de tenis y de francés. También empecé a decirles cosas negativas a los niños sobre su padre. Les dije que su padre ya no se portaba bien conmigo. Les dije que me gritaba y me golpeaba cuando el creía que yo había hecho algo mal. Los chicos se quedaron desconcertados al escuchar aquello y observaban al detalle mi relación con Ron. Me aseguré de actuar de manera infeliz cuando estaba con Ron e intenté actuar como si tuviese miedo de él cuando los niños nos veían juntos.

Me hice moratones en mis brazos y llevaba mangas cortas para asegurarme de que los niños podían ver los moratones. Observé como los niños estaban decepcionados por lo que les contaba y empezaron a distanciarse de Ron.

Ron no entendía lo que estaba ocurriendo y me sugirió que viéramos un psicólogo. Me dijo que quería arreglar nuestra relación porque él seguía enamorado de mí. Ron mencionó que creía que había hecho algo mal porque había pasado demasiado tiempo trabajando y que no me había prestado suficiente atención.

No quería reconciliarme con él pero decidí seguirle la corriente durante un año, el tiempo necesario para obtener el divorcio. También me fue posible convencer a Ron de que necesitaba pasara tiempo asolas y que él debería de alquilar un apartamento. El motivo por el que hacía eso era para quedarme con el patrimonio matrimonial con los niños y distanciarlos de su padre. A condición de que él se mudara a un apartamento, acepté que acudiésemos a psicólogos por separado.

Tras acudir a la cita con mi psicólogo, le dije que Ron había abusado de mí emocionalmente diciendo que yo era una estúpida y un modelo poco ejemplar a seguir para los niños por nuestras diferencias en religión y educación. También le expliqué que Ron me golpeaba cuando discutíamos. Sabía que estaba exagerando pero a veces Ron alzaba sus puños y me gritaba.

Cuando Ron alquiló un apartamento, me pidió ver a los niños los fines de semana alternos. Yo acepté pero era consciente de que Ron intentaría poner a los niños en mi contra. Debido a ese miedo, les dije a los niños que su padre solo quería pasar tiempo con ellos para hacerme daño. Creo que Alan pensó que lo que les contaba era cierto porque se negó a ir al apartamento de Ron de nuevo. Sam siguió yendo al apartamento de su padre los fines de semana alternos, pero nunca me contaba como eran las visitas.

En una ocasión, Sam ocasionó fuego en el estudio de Ron que provocó una gran cantidad de daños. Un vecino llamó a la policía y a la brigada de bomberos. La investigación de la policía mostraba que Sam había premeditado ese acto y que había utilizado queroseno y cerillas para prender el fuego.

La policía quería presentar cargos contra Sam por incendio provocado ya que debido al incidente en su intento de causar daños y el peligro que eso ocasionó, no sólo a Ron, sino también a los otros residentes del edificio. Ron convenció a la policía de que no presentaran cargos contra Sam diciendo que los actos de Sam no eran normales y que eran fruto de la batalla por la custodia en la que Ron estaba implicado. Afortunadamente, la policía no presentó cargos contra Sam por el incendio provocado.

Ron estaba muy decepcionado por lo que Sam había hecho y me dijo que el divorcio no estaba únicamente destrozando su relación con sus hijos, sino que también había provocado que Sam se volviera agresivo. Él me culpó por haber empezado los trámites del divorcio y provocar las discusiones por la custodia. A pesar del incidente del incendio, Ron continuó viendo a su hijo Sam en las visitas los fines de semana.

El divorcio fue concedido y el asunto sobre la custodia de los hijos sigue todavía pendiente ante el Tribunal. Hice una declaración jurada al Tribunal indicando que Ron había abusado de mí física y mentalmente. Era consciente de que estaba exagerando la situación pero lo hice con el propósito de ganar la batalla de la custodia. El abogado de Ron me interrogó acerca de mi declaración jurada pero yo seguí defendiendo mi declaración. Mi lema es que todo es justo cuando se trata de amor, guerra, o la batalla de la custodia de tus hijos.

No entiendo por qué esto ha llegado a ser tan tergiversado y complicado. Sam y Alan son mis niños. Creo que eso debería ser razón suficiente para que se me concediera la custodia. Sin embargo, estoy atrapada en un laberinto controlado por abogados, psicólogos y un Tribunal. Todo lo que intento hacer es procurar nivelar el campo de juego para obtener la custodia de mis hijos.

INFORMACIÓN PROPORCIONADA POR RON

Ron presentó una declaración jurada afirmando que él no había abusado de Carole ni física ni mentalmente. El padre solicita una custodia compartida de los niños y los costes y el pago de costes contra ella en la acción legal de la custodia.

INTERPELACIÓN PRESENTADA POR EL TRIBUNAL

El Tribunal solicitó más información en materia de la custodia. Requirió más información para responder a la pregunta "¿Qué es lo mejor para los niños?" Se ha instruido un asistente social independiente para revisar el material presentado en este informe con el propósito de tomar una decisión final sobre la cuestión.

SU ROL EN ESTE CASO

Usted es un asistente social y se requiere que proporcione un análisis basado en la información proporcionada en dicho informe. Usted decidirá qué asuntos tendrán que tenerse en cuenta para determinar "¿Qué es lo mejor para los niños?" Usted hará también una recomendación que sería presentada ante el Tribunal haciendo referencia a cuál de los padres debería serle concedida la custodia de Sam y Alan según su discernimiento. El Tribunal actuará basándose en su recomendación. Usted deberá decretar también si El Tribunal debería penalizar a alguno de los padres por sus actos dentro de ese proceso legal. Las penalizaciones pueden ser concedidas mediante el cumplimiento de una sentencia judicial en la que se especifique si uno de los padres debe pagar los costes judiciales del abogado y del cliente de la parte contraria. Le será proporcionada información sobre la suma de los costes que puede ser otorgada. Usted también decidirá si pagar los costes es suficiente condena teniendo en cuenta el comportamiento de las dos partes en este caso.

PREGUNTAS

1) En esta historia que opina usted como asistente social - ¿Qué es lo mejor para los niños?"

_____

_____

_____

2) Como asistente social, ¿Qué recomendación haría usted al Tribunal por lo que se refiere a la custodia de los niños?

_____

_____

_____

3) ¿Hubiese sido relevante hacer una mediación para resolver los problemas que has leído?

Sí___ No___

¿Por qué?

_____

_____

_____

4) ¿En la historia recomendaría al Tribunal imponer condenas (cortes del Tribunal o los costes que solicite el cliente en contra de alguna de las partes? [4]

_____

_____

_____

    (a) En tal caso, ¿qué parte/partes?

_____

_____

_____

---

[4] _En el caso de Carole, Ron y la Familia, Casos Legales establece los costes del Tribunal de 200 dólares, siendo costeados por los servicios del Tribunal. Casos Legales establece al solicitante del cliente unos costes de 1500 dólares, aprobados por el Tribunal de los servicios legales de cada parte. Ello no representa las tasas legales pagadas por Carole y Ron a sus abogados._

(b) ¿Son los costes una condena suficiente?

Sí___
No___

(c) En caso contrario, ¿Cuál es su sugerencia?

_____
_____
_____

ASUNTOS FAMILIARES DE KADAR MOHAT

Era mi deber llevar a mi padre a Torcia. Soy el único hijo de la familia. Me fui a vivir a Torcia hace diez años donde trabajé allí en una empresa de publicidad. He tenido éxito en mi trabajo si lo comparo con el nivel de vida que llevaban mis padres y familiares en Filo, mi país de origen. Aquí me considero rico. Tenía suficiente dinero para traer a mi padre de setenta-y-dos años a este país.

Mi padre dejó a mi madre durante un tiempo para vivir con otra mujer en Filo. Era costumbre en Filo que un hombre podía tener aventuras con otras mujeres. Supe que mi padre había estado viviendo con tres mujeres diferentes el tiempo que estando casado con mi madre. Mi madre se quedaba sola como de costumbre. Mientras tanto, ella tenía que cuidar de mí, sus hermanos y los vecinos de su comunidad. Yo no estaba de acuerdo con esas costumbres, pero era mi obligación respetar a mis padres y sus costumbres.

Supe que mi padre había maltratado a mi madre cuando vivían juntos. Su vecino me dijo que mi madre había ido frecuentemente a su casa con moratones e incluso en alguna ocasión con cortes en la cara. Mi madre nunca dio parte de los maltratos porque había sido educada de manera que tenían que aceptar a su marido tal y como era. Entiendo que muchas mujeres en Filo son maltratadas por sus maridos pero no hablan de ello.

Cuando mi padre enfermó se mudó con mi madre. Ella lo acogió y lo cuidó incluso sabiendo que él le había sido infiel durante muchos años.

Mi madre falleció hace dos años. Moralmente, no puedo aceptar la manera en la que mi padre trataba a mi madre pero lo único que he podido hacer para aliviar mi conciencia, ha sido proporcionar una inversión financiera para una organización de derechos humanos para tomar medidas mediante un proyecto de legislación aplicable en Filo y en otros países para erradicar la violencia contra las mujeres.

Cuando mamá falleció, unos de los vecinos se pusieron en contacto conmigo y me dijo que debería llevar a mi padre a Torcia porque no había nadie que pudiera cuidar de él en Filo. Dijo que era mi deber llevarlo conmigo a Torcia.

No fue tarea fácil llevar a mi padre a Torcia, ni tampoco parecía moral o viable. La realidad era que la situación de mi padre era que tenía problemas de salud bastante críticos. Sus doctores en Filo me dijeron que tenía problemas cardiovasculares y respiratorios y que recientemente había sufrido una operación de cáncer de colon. Fui informada por los doctores en Filo que tenía un historial médico extenso y bajo su criterio opinaban que los problemas de salud persistirían. A pesar de esta información, presenté una solicitud para traer a mi padre a Torcia.

Las autoridades sanitarias de Torcia me comunicaron que ellos se opondrían a mi solicitud porque no querían pagar probables costes por traer gente delicada a Torcia. Era consciente de que mi padre necesitaba mi ayuda en sus últimos años por lo que proseguí con la solicitud. Esto significaba que el Tribunal de Apelaciones de Inmigración debería tomar la decisión.

La solicitud fue aprobada con éxito por el Tribunal de Inmigración. Eso me permitió traer a mi padre a Torcia.

Mi padre vivió conmigo durante tres años. Contraté a cuidadores para cada uno de los tres años, la mitad de los costes pagada por mí y la otra mitad por el Estado de Torcia, ya que la Legislación ayuda a los más mayores. Tras tres años viviendo en mi casa, mi padre fue ingresado en el hospital por problemas respiratorios. Falleció tras pasar seis meses en cuidados intensivos en uno de los hospitales de Torcia.

Yo ya había cumplido con mi obligación familiar. No obstante, debo vivir con el cargo de conciencia por los delitos cometidos por mi padre durante el resto de mi vida.

PREGUNTAS

1) ¿Hicieron lo correcto las autoridades de Inmigración permitiendo a Kadar Mohat que trajera a su padre a Torcia?

Sí ___
No___

a) ¿Qué hubiese hecho usted en tal caso?

_____
_____
_____

b) ¿Cuáles fueron los delitos del padre?

_____
_____

BUSCANDO A OSCAR

¿Qué he hecho yo para merecer a este hombre?

Conocí a Oscar en un rodeo. Yo era una de las chicas montando en el rodeo el día de la inauguración. Era joven, acababa de cumplir los diecisiete. Fui elegida la princesa del rodeo basado gracias a mi personalidad y a mis habilidades ecuestres. Había ganado el primer premio en una competición de rodeo en Torcia el año anterior y este año era finalista en el deporte del rodeo.

Iba vestida con ropa del oeste, llevaba unos vaqueros ajustados y un camisa que acentuaba mis pechos. Mi melena larga y rubia estaba recogida con un sombrero de diamantes coloreado. Sabía que parecía una princesa ese día.

A la siguiente ceremonia, mi hermano Ben me presentó a Oscar. El hombre había comprado el ganado de Ben y estaban negociando la posibilidad de ampliar la venta.

Tras las presentaciones, Ben me dijo que Oscar le había preguntado si "la pequeña princesa" estaba en venta. Cuando escuché lo que habían estado hablando le dije a mi hermano que eran los dos unos machistas y que no me parecía para nada graciosa la broma. Mi hermano se echó a reír y dijo: "No te preocupes, ya le he dicho que eres una princesa muy valiosa y que no estás en venta".

Sabía que ellos habían estado bromeando pero admito que eso me hizo prestar más atención a Oscar.

Supe que Oscar era un hombre poderoso que era propietario de un gran ganado. Él criaba caballos, uno de mis mayores aficiones. Era alto y rubio, un cowboy muy apuesto. Parecía el actor cinematográfico Robbie Hanson, una de mis series de televisión preferidas, Callas. Me pareció atractivo pero me enteré de que era diez años mayor que yo.

Esa noche, Oscar me sacó a bailar en la fiesta del rodeo. Fue amable conmigo pero no muy romántico. Intentó tocar mis pechos y cuando bailábamos me rozaba el trasero cuando me giraba de espaldas. Mis largas trenzas rubias habían caído del sombrero. Perdí el equilibrio y tuvo que sostenerme para impedir que me cayera. Se le veía encantado con mi compañía.

Aunque otros hombres querían que bailara con ellos, Oscar seguía viniendo hacia mí a ofrecerme más cerveza y a preguntarme si quería bailar otra canción. Estaba claro que estaba interesado en mí.

Al final de la noche, Oscar me invitó a ver su rancho. La idea me pareció interesante. Había oído que vivía en una casa grande como una de esas de la serie Callas y yo estaba curiosa por verla. La cerveza me había subido a la cabeza y acepté su invitación.

Me quedé impresionada al ver la casa del rancho. Era más vieja y más grande que las que había visto en el programa de televisión Callas. Oscar me mostró las medallas que había ganado en los rodeos y en los eventos ecuestres. Estaba encantada. Había encontrado un cowboy y mi particular "príncipe encantador".

Oscar vivía a tres horas de la ciudad donde el rodeo y el baile habían tenido lugar esa misma noche. Él parecía tomar por sentado que mi consentimiento a su invitación ya daba por supuesto que me quedaría a dormir al rancho. No preguntó, simplemente dijo: "Te llevaré de vuelta a casa por la mañana". Debo admitir que me había cautivado con sus atenciones y su invitación. No sabía que podía hacer que no fuese aceptar. No mencionó dónde dormiría, simplemente me invitó a dormir en su habitación.

Oscar cumplió con su palabra y me llevó de vuelta a asa al día siguiente. Cuando me dejó en el pueblo, sus palabras de partida fueron, "nos vemos, pequeña princesa". Pequeña princesa es todo lo que llegó a decirme", aunque él sabía mi nombre.

Estuve con él sólo esa noche, pero el destino quiso que me quedara embarazada. Cuando conté a mi familia que estaba embarazada, Ben me llamó para decirme que se pondría en contacto con Oscar. Ben dijo que le diría a Oscar que hiciese lo correcto conmigo y que se casara conmigo. Le dije a Ben que en el mundo moderno el hombre no tiene que casarse con la mujer solo porque se quede embarazada. Ben no estaba de acuerdo conmigo y me dijo que era una cuestión de moralidad y de responsabilidad económica. La moraleja de Ben era que si dormías con una mujer y esta se quedaba embarazada, el hombre debería acarrear con las consecuencias. Para Ben, las consecuencias eran contraer matrimonio y la responsabilidad económica de la esposa y el bebé.

Al día siguiente, Oscar obviamente llamó por teléfono. Su primer comentario fue: "Ben me llamó ayer. ¿Por qué cree que es mío el bebe?" Eso me decepcionó porque Oscar era el primer hombre con el que había dormido. Cuando le conté eso, pareció sorprendido. Después de muchas lágrimas por mi parte, Oscar aceptó que el bebé fuese suyo.

Trascurridos unos días, Oscar vino a la ciudad para verme y me dijo que cuidaría de mí y del bebé, pero me dijo que no se casaría conmigo. Me comentó que había estado casado antes y que no había tenido una buena experiencia. Oscar era hijo único. Fue consentido por sus padres y tenía poca iniciativa en su trabajo. Contrataba a trabajadores para cuidar de su ganado y caballos en el rancho. Oscar me contó que su ex-mujer le exigía manutención conyugal y la manutención de sus niños. Me dijo que tenían dos hijos pero que no quería hablar sobre su vida con su ex-mujer y sus hijos.

Me mudé al rancho durante mi embarazo. Oscar era atento conmigo y cariñoso durante mi embarazo. Después de que naciera el niño, me quedé a vivir en el rancho para cuidar del bebé.

Después de cinco años juntos, Oscar y yo tuvimos tres hijos, dos hijas y un hijo, Isobel, Evie y Jacob. Oscar a menudo llegaba al rancho con regalos como cajas de chocolate, perfume y juguetes para los niños. Sentía que las cosas iban bien entre nosotros. Acepté que Oscar no quería casarse pero creía que me amaba. Confiaba en que permanecería siempre a mi lado y al de nuestros hijos.

Al cabo del tiempo, ese mismo año, me dí cuenta de que algo había cambiado. Oscar empezó a pasar más tiempo fuera del rancho. Decía que necesitaba estar fuera para poder seguir los circuitos de rodeos y participar en los eventos de rodeo.

Me enteré de que Oscar había estado pasando ese tiempo en Jervis, la ciudad donde había ido a formarse en agricultura. Me enteré de eso cuando me llamó un agente de policía de Jervis preguntándome por Oscar. Él le había prestado su coche, un Corvette nuevo a su amigo Kevin. Desafortunadamente, Kevin tuvo un accidente mientras conducía el coche. El policía había arrestado a Kevin después del accidente. Fue acusado por varios delitos, uno de los cuales era posesión de cocaína. La policía me llamo para descubrir si Oscar estaba en casa porque querían hablar con él. Yo les dije que Oscar no estaba en casa pero no mencioné que no había venido a casa durante los últimos tres meses. Creí conveniente no contar eso a la policía.

Oscar se perdió el cumpleaños de Isobel y ni siquiera llamó para felicitarlo por su cumpleaños. Intenté ponerme en contacto con él a través de su número de teléfono, pero el contestador indicaba que el buzón estaba lleno. No tenía ni idea de dónde podía encontrarse o de cómo podía ponerme en contacto con él.

No fue hasta que me enteré por otra gente en el vecindario que Oscar había estado viviendo con Kevin durante los últimos tres meses. Supe que Oscar había estado recibiendo dinero de un fideicomiso proporcionado por abogados en Reda de una demandas colectivas impuestas por un grupo de ganaderos.

Los abogados de Reda fueron administrando los gastos del convenio mensualmente. También supe que se había marchado de Torcia. Se desconocía dónde había ido.

Los abogados de Reda están buscando a Oscar porque necesitan distribuir los fondos que había estado acumulando del fideicomiso para él durante los últimos tres meses. La policía está buscando a Oscar porque encontraron cocaína en el bolsillo de su chaqueta en uno de los últimos rodeos al que asistió. Planificación familiar está buscando a Oscar porque lleva dos meses pendientes de pagos a su ex-mujer y sus hijos.

Estoy buscando a Oscar para decirle que no soy una princesa y que no es mi príncipe encantador. Soy una mujer de mediana edad con tres niños y Oscar es un cabrón miserable sin responsabilidad económica o moral.

PREGUNTAS

1) ¿Qué solución recomendaría para negociar con Oscar?

_____
_____
_____

2) ¿Debería Oscar volver a Torcia, que condena le impondría usted a Oscar por el delito de posesión de cocaína?

Añada una marca de verificación al lado de la sentencia que elija.

a) Libertad sin cargos ___ [5]

b) Libertad condicional ___ [6]

Si la libertad fuese condicional, ¿Que condiciones impondría?

_____
_____
_____

c) Multa ___

d) Libertad vigilada bajo asistencia de asesoramiento en materia de estupefacientes ___

e) Encarcelación ___

f) Impondría esta sanción:

_____
_____
_____
_____

---

[5] Ver el Anexo B para consultar la definición de Libertad sin cargos.
[6] Ver el Anexo B para consultar la definición de Libertad condicional.

AMOR VERDADERO

He vivido por mi cuenta desde que tenía catorce años. Mi madre había dejado a mi padre para irse a vivir con otro hombre. Su nuevo novio dejó claro que no era bienvenida para quedarme a vivir con ellos. Fui a casa de mi padre pero eso tampoco funcionó porque papá bebía mucho y llevaba muchas mujeres a casa casi cada noche. Me sentía rara estando en su casa mientras mi padre estaba con todas esas mujeres, sabiendo que eran solo chicas que había conocido en un bar a las que después llevaría a casa para pasar la noche con ellas. También era consciente de que papá creía que yo debería vivir con mi madre.

Puesto que mis padres no me querían, decidí mudarme con una amiga, Sandra. Ella había estado viviendo con su novio quién dejo el apartamento para volver a trabajar a una plataforma petrolera. Sandra se encontraba sola y buscaba un compañero de piso.

Sandra tenía dieciséis años cuando me mudé a su apartamento. Yo tenía catorce años y estaba a punto de cumplir los quince en unos meses. Sandra era una buena compañera de piso y me presentó a sus amigos. Nos lo pasábamos bien porque mi amiga Sandra organizaba muchas fiestas en su casa. Preparábamos fiestas cada fin de semana. Ella conocía a muchos chicos que trabajaban en las plataformas petrolíferas y cuando tenían tiempo libre, venían a la ciudad y acudían a nuestras fiestas.

Dos meses después de mudarme con Sandra, conocí a Jacob. Me enamoré de él al instante. Era muy popular y podía elegir a cualquier chica de la ciudad.

Supe que le interesaba el deporte, en particular el baloncesto. Supe que teníamos esa afición en común porque yo era una de las mejores jugadoras en el equipo femenino de baloncesto.

En uno de los partidos, Jacob se dio cuenta de mi presencia y se acercó a mí para hablarme. Mencionó que conocía a mis padres y me preguntó por qué razón estaba viviendo con Sandra y no con mis padres. Me preguntó sobre mi situación personal y supe que eso significaba que se preocupaba por mí.

Le expliqué a Jacob mi situación. Le conté que el nuevo novio de mi madre había empezado a entrar en mi habitación e intentaba ser "amable" conmigo y que cuando le decía al hombre que me dejara en paz, me llamaba "niña estúpida". Discutíamos todo el tiempo y mi madre me dijo que me marchara porque discutíamos mucho. No podía volver con papá por todas las chicas que llevaba a casa. Le dije a Jacob que ese era el motivo por el que me había ido a vivir con Sandra.

Jacob me demostró que se preocupaba por mí dándome un beso en la mejilla. Entonces besó mi cuello y dijo, "tú eres especial". Puedes ser mi pequeña chica siempre que quieras".

Jacob se quedó conmigo toda la tarde. Cuando la gente empezaba a prepararse para ir a la fiesta, él me preguntó si quería invitarle a mi habitación. Yo me sentía tan feliz. Fue entonces cuando supe que me amaba.

Cuando vino conmigo a la habitación, él fue muy amable conmigo. Me besó y me acarició por todo el cuerpo y educadamente me preguntó si quería quitarme la camiseta y los pantalones para que pudiera ver lo hermosa que era. Él no me presionó y esperó a ver mi reacción. Le dije que me quitaría la ropa pero que tendría que ser paciente conmigo. Le dije que nunca había hecho el amor antes. Él dijo que no teníamos que hacer el amor hasta que estuviera preparada y que si decidíamos hacer el amor, sería amable conmigo.

Aunque estaba asustada, me sentía cómoda con Jacob y supe que él sabría que hacer. Le dejé continuar besándome y acariciándome. Esperaba que él me dijera que hacer pero me di cuenta de que no había instrucciones. Me sorprendió que acabara tan rápido y que me dolería aún más. Pero eso no importaba porque yo era feliz. Había hecho el amor por primera vez.

Le pregunté a Jacob cuando podía verlo de nuevo y me dijo que muy pronto ya que no tenía que volver al trabajo en otras dos semanas. Estaba tan feliz de que había hecho el amor por primera vez y de tener un novio. No podía pedir más.

Vi a Jacob dos veces más a la semana siguiente. Hicimos el amor cada vez. No estaba tan nerviosa como la primera vez. Trajo con él su reproductor de música cada vez que venía a verme a mi habitación. Jacob me dijo la música que le gustaba, *heavy metal*. Él ponía música mientras hacíamos el amor. También me dijo el tipo de coches que le gustaban. Le gustaban los coches deportivos Renault. Mencionó que tenía un Renault y que me daría una vuelta con el coche. Me sentía eufórica. La idea de ir con su Renault por la ciudad me parecía asombrosa. Estaba segura de que era amor verdadero porque quería compartir cosas importantes como la música o los coches conmigo. Nadie había compartido cosas como esas conmigo antes.

Una vez Jacob había llegado de trabajar, descubrí que estaba embarazada. No tenía una dirección o teléfono de Jacob. Pero eso no me preocupaba porque estaba segura de que volvería a la ciudad cuando no estuviese trabajando. Estaba segura de que Jacob querría que tuviese el bebé por lo que decidí tener el bebé. Esperé y esperé a que Jacob volviera a la ciudad a verme, pero él no volvió.

Ahora tengo dieciséis años. No voy más a la escuela porque tengo que estar con mi bebé.

Mi situación empeoró cuando Sandra me dijo que tenía que darle el dinero del alquiler que debía de los últimos tres meses. También sugirió que buscara un lugar para vivir porque tener un bebé en su casa estaba privándole de su estilo de vida. Supe que en realidad Sandra quería que me marchara porque no podía esperar a que le pagara el dinero del alquiler. Sandra también me dijo que la razón por la que Jacob no había vuelto era porque se enteró de que estaba embarazada. Me dijo que le decía a la gente que el bebé no era suyo y que era estúpido por mi parte tener el bebé.

Papá me había dado dinero durante los meses de embarazo y acudió al nacimiento del bebé, pero me dijo que no podía permitirse ayudarme económicamente y decidió que era responsabilidad de mi madre de ayudarme ahora con el bebé. Me dijo que debía encontrar un trabajo. No podía conseguir un trabajo porque tenía que cuidar del bebé.

Me di cuenta de que necesitaba reunir el dinero para pagarle a Sandra el dinero del alquiler y decidí acudir a mi madre para que me ayudara. Creí oportuno hacerle una llamada ya que el bebé era su nieta, con tal de comprobar si seguía viviendo allí y considerar la opción de volver a vivir con ella de nuevo o preguntarle si podía prestarme algo de dinero.

Fui a la casa donde vivía y llamé a la puerta. Una mujer, cuyo nombre supe más adelante era Alicia, contestó a la puerta. Supo quien era y se lo dijo a mi madre en voz alta ya que ella se encontraba en la habitación de la parte de atrás: "Liz, tu hija, la fábrica de niños está aquí. Probablemente quiera tu dinero". Escuché a mi madre decir: "Dile que se largue de aquí. Hubiese tenido que mantener las piernas cerradas".

Intenté entrar en su casa, pero Alice había puesto sus manos por delante de mí. Le dije que me dejara entrar, que solo quería hablar con mi madre. "Quiero hablarle de su nueva nieta".

Alice siguió empujándome para que me marchara pero yo conseguí llegar a la habitación donde se encontraba mi madre.

"¿Qué quieres?" dijo ella. "No te voy a dar nada de dinero si es a lo que has venido".

Escuché voces en la cocina donde estaba Alice. Oí la voz de Alice y la de un hombre. Escuché a Alice decir "está en la habitación de atrás con su madre". "No quiso marcharse cuando le dije que se marchara; me empujó para entrar en la casa".

Me quedé escuchando la conversación. Quería averiguar qué estaban diciendo.

No tuve la oportunidad de decirle nada a mi madre porque la policía ya estaba allí y entró a la habitación. Lo primero que dijo el agente fue "¿Se encuentra bien Señora Trace?" ¿Está su hija de visita?" la respuesta de mi madre a esta pregunta fue "No, no la he invitado. No la quiero por aquí cerca. Le he dicho que se vaya".

Mi corazón se rompió en mil pedazos. ¿Como podía mi madre estar diciendo eso?

El agente me miró y me dijo que saliera de la casa con él. Salí de la casa con el agente y me hizo sentar en el asiento trasero de coche. Hice lo que me ordenó. Había otro agente en el coche. Así que esperé a que llegara el otro agente mientras el primero entró de nuevo en la casa con la finalidad de hablar con Alice y mi madre.

Cuando el primer oficial entró al coche, dijo: "Señorita Trace, lo siento pero tengo que acusarla por un delito porque no tenía derecho de entrar en la casa una vez su madre y la Sra. Stacks le dijeran que se marchara de su propiedad".

Empecé a llorar tras escuchar que iban a acusarme por un delito. No podía creer lo que Alice y mi madre le habían dicho al agente. ¡Mi madre debe odiarme!

El agente continuó hablando, "Señorita Trace, podría acusarla de allanamiento de morada porque la Señora Stacks le dijo que se marchara. Sin embargo, dado que creo que ha aprendido la lección de no entrar en una casa sin el consentimiento de los propietarios, se lo perdonaré esta vez y sólo la acusaré de haber empujado a la Señora Stacks".

No podía creer como podía tener tan mala suerte. El intento de pedir ayuda a mi madre acabó derivando en una demanda por delito.

Si no hubiese tenido el bebé, me hubiese declarado culpable y hubiese sido encarcelada. Al menos me hubieran dado un lugar dónde dormir. Sin embargo no podía hacer eso porque tenía que cuidar de mi bebé.

Me declaré no culpable y fui a juicio. Una amiga mía que era abogada dentro del Programa de Estudiantil para los más necesitados colaboró para ayudarme en el juicio.

Alice Stacks y mi madre, ambas declararon en mi contra. Me dolió tantísimo escuchar cómo mi madre decía que solo había ido a pedirle dinero.

El abogado del Estado de Torcia me interrogó y me preguntó que por qué razón había ido a la casa ese día. No dije la verdad. Dije ante el Tribunal que solamente quería hablarle a mi madre del bebé. Era demasiado humillante admitir que necesitaba dinero y yo lo único que esperaba era que mi madre me dejara vivir en su casa.

Fui acusada por delito.

La juez me preguntó por qué razón el padre de mi bebé no estaba ayudando a pagar los gastos del bebé. La juez me preguntó si tenía algo que decir por lo que respecta a la sentencia que había sido impuesta.

Era demasiada tímida para decirle al juez lo que me había sucedido y le pedí a mi abogada si podía explicarle al juez que no tenía contacto con el padre del bebé pero que había oído rumores de que había sido encarcelado por haber robado un coche. Le dije también a mi abogada que le hiciese saber a la juez que había encontrado un lugar donde vivir, una casa donde viviría con seis personas más, en la cual haría las tareas del hogar y me encargaría de la limpieza para poder pagar el alquiler.

La sentencia que el juez dictaminó fue la libertad condicional. Debo tener un buen comportamiento durante un año y el agente de vigilancia tenía que presentar un informe mensual sobre mi comportamiento durante ese período de tiempo. Me han prohibido acercarme a menos de quinientos metros de la residencia de mi madre durante este periodo de tiempo.

Lo que quería decirle al juez que lo que había aprendido era que: "El amor verdadero era sólo un mito".

PREGUNTAS

1) ¿Qué problemas sociales son tratados en la historia Amor Verdadero?

_____
_____
_____

2) ¿Está de acuerdo con la decisión del Tribunal?

Sí___ No___

Si no está de acuerdo con la decisión del Tribunal, ¿que condena hubiese impuesto?

Añada una marca de verificación al lado de la sentencia que elija.

a) Libertad sin cargos ___[7]

b) Libertad condicional ___[8]

En el caso de que impusiera libertad condicional, ¿qué condiciones impondría?

_____
_____
_____

c) Multa ___

d) Términos de libertad condicional con terapia para la violencia. ___

e) Cárcel ___

Quiero imponer mi propia sentencia. Esta es:

_____
_____
_____

---

[7] Ver Anexo B para consultar la definición de Libertad sin cargos.
[8] Ver Anexo B para consultar la definición de Libertad condicional.

AMIGOS DEL *SEEME*

Yo mentí y Elena se enteró. Le dije a un chico de mi clase que Elena era mi novia. Elena era la única persona que había sido amable conmigo. Yo quería que ella fuera mi novia. Como ella me había dicho "hola" un par de veces, pensé que le gustaba.

Si le robé, no fue tanto por el dinero sino para tener algo de ella y poder llevarlo conmigo. Pero la dirección de la escuela ha llamado a la policía porque en el billetero estaban los carnets de Elena y 200 euros en billetes.

Quemé todos los documentos de identificación y me quede con los 200 euros para comprar droga a un traficante que pasa droga en la escuela. Ahora tengo un billetero vacío

La policía nunca encontró nada que demostrara que yo hubiera robado el billetero, pero toda la escuela sabe que soy el ladrón.

Elena se entero de mi mentira por un niño de la clase. Cuando supo lo que había dicho sobre nosotros se puso a gritar: "Estoy alucinada. ¿Manuel mi novio? ¡Prefiero morir antes que ser la novia de Manuel!"

Ahora si Elena se digna a mirarme, es con desprecio. Se burla de mí, como todos los demás.
"¡Manuel, Manuel! Límpiate los mocos."

Cada día, cuando llego a la escuela, se repite la misma historia. Y lo mismo a la hora de comer. Por eso no me gusta ir a clase. Los chicos son peores que las chicas, pero los más insoportables son Elena y sus amigas. Cada vez que me ven, se sitúan a un lado y se burlan de mi cuando paso. Sé que no puedo hacer nada para detenerlos. Me odian, porque yo no soy de su ciudad y soy el nuevo de la escuela.

Tengo quince años. Llegué a esta escuela cuando mis padres se mudaron hace tres meses. Mi padre vino aquí en busca de trabajo. Había perdido su empleo en la localidad donde vivíamos porque lo habían sorprendido bebiendo.

Ya he tenido suficiente. Yo solo estaba tratando de ayudar a mi madre. Mi padre le pega a todas horas. Desde niño, he tenido que ver como ella trata de taparse la cara para evitar los golpes. Y él no tiene ninguna razón para pegarla. Mi madre no ha hecho nunca nada malo. Nunca contesta ni replica. Nunca habla mal de mi padre. Vive demasiado asustada.

Anoche volvió a suceder. Mi padre regresó del bar donde había estado peleándose con otros hombres. Tenía un golpe en un ojo y estaba furioso. Cuando llego a casa exigió que le trajera la cena.

"Mi cena. ¿Dónde está mi cena? Ya sabes que quiero cenar a las diez en punto!"

Mi madre no tenia nada preparado. Ella corrió a la frigorífico a ver si podía preparar algo rápido. Mi padre no espero. Él la agarró y empezó a golpearla.
"¡Tonta inútil! ¿Por qué me casaría contigo?"

No podía soportarlo más. Me abalance sobre mi padre intentando detenerlo. El se dio la vuelta cuando me vio y se volvió hacia mi diciendo: "¡Pedazo de mierda! Apártate de mi vista". Entonces, me empujó a mi habitación a patadas. Corrí hacia mi madre que estaba en el suelo pero me dijo que no la ayudara.

En ese momento, supe una vez más que no podía hacer nada para ayudarla. Esto ya ha pasado muchas veces. Así que volví a hacer lo que hago siempre, encerrarme en mi habitación a jugar a videojuegos donde puedo disparar y matar a todos mis enemigos.

Cuando fui a la escuela el día siguiente, los otros chicos me dijeron en el pasillo. "¡Tu padre es una mierda! La misma mierda que tu, Manuel!"
"No sirves ni para limpiarte los mocos de la cara!"
La misma historia se repetía todos los días cuando pasaba por el pasillo.

Vosotros sois mis únicos amigos. Unos amigos que no ven mi verdadero yo, solo la foto que subí a la red SEEME. Vosotros sois mis amigos de SEEME. Me enviáis mensajes, música y las fotos que publicáis en vuestros muros. Vosotros sois mis amigos, porque no podéis ver mi vida. No sabéis nada sobre las palizas que mi padre da a mi madre. No tenéis ni idea de lo borracho que llega a casa todas las noches. No sabéis quien soy yo y tampoco os importa. Vosotros sois mis amigos de la red SEEME. Mis únicos amigos.

Vuestra relación conmigo se limita a "ME GUSTA o NO ME GUSTA" cuando publico una foto, comparto un enlace o un comentario. Me aceptáis como soy y punto.

Mis padres no saben que tengo drogas. Voy a morir.

Cuando pulse el botón de enviar, todo habrá terminado. Tendrás un amigo menos en la red SEEME.

ENVIAR

PREGUNTAS

1) ¿Qué medidas se hubiesen podido tomar para ayudar a un chico tan vulnerable como Manuel para superar la violencia y apartarlo del suicidio como respuesta al abuso del que es víctima?

_____
_____
_____

2) ¿Cómo se hubiese podido ayudar a Manuel para que afrontara los problemas domésticos?

_____
_____
_____

3) ¿Que ayuda hubiese podido recibir Manuel por parte de la escuela?

_____
_____
_____

4) ¿Por que Manuel sufre acoso escolar?

_____
_____
_____

5) La red social era para Manuel una cosa:

     Buena   ___
     Mala   ___
     Ni buena ni mala ___

6) ¿Podrían los videojuegos a los que jugaba Manuel haber influido en su reacción ante sus problemas?

_____
_____
_____

7) ¿Qué se podría haber hecho para convencer a Manuel a pedir ayuda?

_____
_____
_____

8) Otros comentarios.

_____
_____
_____

AUTO-EVALUACIÓN

Tiene la oportunidad de hacer una auto-evaluación después de leer las historietas dentro del apartado "Casos familiares".

Indica la puntuación que crees merecer según:

1) Identificación de los temas tratados en éste capítulo.___
2) Sugerencias y comentarios que hayas hecho.   ___
3) La persona que toma las decisiones.   ___

    TOTAL: ___

Puedes puntuarte desde la nota 0 (la más baja) a 5 (la más alta). Esto es un juego. Recuerda que no hay respuestas correctas o incorrectas.

CAPÍTULO 3

ADICCIONES Y OBSESIONES

Se requiere que sea responsable de la toma de decisiones en estos casos. En cada caso se ha cometido algún delito o crimen. Usted tiene que leer un resumen de las pruebas que han sido presentadas ante el Tribunal. Además de dictar una sentencia, se precisa que responda a la siguiente pregunta: ¿Tiene el acusado una adicción o una obsesión?

Entrará en el juego en cada caso y utilizará su propio criterio para elegir una de las condenas tratadas.

ROSAS PARA VICKY

El Acusado no presento declaración sobre Vicky

Declaración de Vicky

Trabajo como asesora financiera en una firma bancaria. Trabajo en una oficina situada en el piso veintinueve del banco. Mi oficina guarda información confidencial del Estado, por lo que necesita un alto nivel de seguridad. Debido a la elevada seguridad, tenía que fichar cada vez que entraba y salía del despacho, así como también cuando entraba y salía de trabajar.

Tres semanas después de haber empezado a trabajar en esta firma bancaria, un ramo de rosas llegó a mi casa. Junto a éste, había una nota en la cual alguien había escrito: "Tu admirador secreto". No tenía ni idea de quién me había enviado las rosas. Eran hermosas y las puse en un jarrón en el comedor.

Otro ramo de flores llegó a la semana siguiente con el mismo mensaje. De nuevo puse las flores en un jarrón y las coloqué en el comedor. Me preguntaba si mi admirador secreto era un cliente o alguna persona que trabajaba en mi oficina.

Unas semanas más tarde, llegó una carta a mi buzón. Dentro del sobre había una nota que decía. "Te adoro. Firmado: Tu admirador secreto".

Estaba confundida, no entendía estaba sucediendo. No tenía novio y no había ningún chico interesado en ese momento, a menos que yo supiera. Me pregunté si alguno de los asesores en mi oficina me estaría enviando estos mensajes para gastarme una broma. Me pregunté si podría ser una mujer. No soy lesbiana y no tengo experiencias con mujeres, ni intención alguna de tenerlas. Empecé a preocuparme y a observar a todos los que me rodeaban para ver si podía averiguar quien me estaba enviando esos mensajes y así descubrir quién era mi admirador secreto.

Otra carta llegó. Esta vez las palabras del mensaje decían: "Sé mía". Tras leer eso, no sabía qué hacer. Pensé que si ignoraba los mensajes, esa persona fuese hombre o mujer, dejaría de enviarlos. Tiré la carta a la basura.

Un suceso poco habitual ocurrió esa misma noche. Una noche cuando estaba trabajando en la oficina, recibí una llamada del agente de seguridad del edificio. El agente dijo: "Es la única persona en el edificio. Debe abandonar el edificio porque se nos ha comunicado que en el piso once ha habido un incendio y se requiere que el cuerpo de bomberos actúe de inmediato". El agente dijo, "No tome el ascensor. Llegaré hasta el piso veintinueve para protegerla y la escoltaré por las escaleras de emergencia".

La llamada me molestó porque estaba escribiendo un informe en mi oficina, pero parecía que no tenía más opción que dejar el informe a medias y esperar a que llegará el agente de seguridad del edificio. No pasó mucho rato hasta que el agente llegó a la puerta de mi oficina. Era un hombre de baja estatura pero por su físico parecía que estaba en forma.

Me levanté de la silla y le pregunté que debía hacer. Me dijo que me conduciría hasta los veintinueve pisos de escaleras abajo. Decía que la gente a menudo tenía vértigo por la altura y la estrechez de las escaleras de emergencia. El mero pensamiento de bajar tantos pisos ya me provocaba cierto mareo. No me hacía sentir nada tranquila saber que estaba sola en el edificio con ese hombre. El agente me dijo que caminara por delante de él y que cogiera solamente las llaves del coche porque no podría volver a subir a la oficina esa noche.

Tal y como bajábamos las escaleras, me seguía detrás de mi muy cerca. Podía notar su respiración, pero no me giré. Podía oler el aroma de su perfume fuerte de hombre. Yo, seguía bajando las escaleras delante de él.

Llevaba tacones altos, lo que hacía difícil mantener el equilibrio al bajar las escaleras. Al tambalearme en varias ocasiones, él me ayudó a sostenerme para mantener el equilibrio.

Cuando llegamos al final de las escaleras, no vi ningún camión de bomberos en la calle o ningún bombero por allí. Yo estaba muy cansada y solo quería beber agua. Le comenté al agente que estaba cansada y que tenía sed y regresó a su oficina a traerme una botella de agua. El hombre estaba cumpliendo con su trabajo e intentando protegerme así que intenté ser amable con él, entonces me di cuenta de que no me sería posible volver a la oficina para acabar mi informe esa noche.

Al día siguiente expliqué lo del incidente en la oficina. Nadie había oído hablar de ningún incendio en el piso once del edificio. Entonces supuse que el problema no había sido nada grave y no pensé más acerca de ello.

Volví al trabajo cada día como siempre durante las siguientes semanas. No hubo más mensajes ni flores. Pensé que mi admirador secreto se habría encaprichado conmigo y yo había empezado a tener miedo.

Dos meses después, un vecino me paró cuando yo estaba llegando a casa. La mujer, una señora muy amable, me preguntó si había encargado a alguien para que recogiera mi correo y yo le pregunté que por qué me preguntaba tal cosa. A lo que contestó que ella y su marido habían visto a un hombre acercándose a mi casa cada día para mirar mi correspondencia en mi buzón. Le dije a mi vecina que no le había encargado a nadie esa tarea. No podía creer lo que había escuchado. Hasta donde yo creía, estaba recibiendo toda mi correspondencia en mi buzón.

No pasó mucho tiempo hasta que me di cuenta de que tenía un problema. Había estado llegando a casa cada día alrededor de las siete de la noche. Era mi rutina llegar a casa a cenar, mirar un rato las noticias y luego ir a dormir y a descansar. Una noche, cuando yo estaba preparando la cena, escuché como el perro ladraba y miré por la ventana. Cuando miré por la ventana, había una silueta en el caminito de la entrada de mi casa al lado de mi dormitorio. No pude ver la persona con claridad, ya que estaba oscureciendo, pero me aterrorizó saber que alguien podía estar observándome por mi habitación. Terminé de cenar y me quedé un rato despierta viendo la televisión. No podía conciliar el sueño, no podía dejar de preguntarme quien podía estar fuera de mi casa.

Al día siguiente, le conté a un amigo de la oficina sobre la silueta que había visto fuera de mi ventana. También le conté lo de las flores y las cartas que había estado recibiendo. Ella me sugirió que llamara a la policía. Ella dijo que parecía que alguien me estaba acosando. No hice nada en ese momento porque pensé que su punto de vista era algo exagerado y paranoico.

Un mes más tarde, el siguiente mensaje llegó: "Te necesito". Las palabras de su mensaje no estaban escritas como los anteriores, sino que ahora estaban recortadas de trozos de periódicos unidos formando un mensaje. Fue entonces cuando decidí que lo mejor sería llamar a la policía. Parecía más serio de lo que creía, recibir un mensaje hecho con recortes de periódico me aterrorizaba.

Entregué a la policía la carta que había recibido y les conté lo de los mensajes anteriores y los sucesos inusuales que me habían sucedido últimamente. Les conté lo de las flores, las cartas, el correo y lo de la silueta que había visto fuera de mi casa aquella noche. Me preguntaron si conservaba alguna de esas cartas o el envoltorio de lasa flores que previamente había recibido. Les dije que lo había tirado todo a la basura. Dijeron que les resultaría difícil seguir la pista del que enviaba las cartas pero que empezarían a dar parte de todo lo que les había contado. La policía abrió un informe haciendo constar mi queja y me dijeron que les llamara si algo raro ocurría de nuevo.

A los pocos días, el siguiente suceso ocurrió. Recibí un sobre que contenía varias fotos mías. Las fotografías eran fotos en las que aparecía yo trabajando en la oficina, comprando comida en el supermercado y otra foto comprando ropa. Me sentía más angustiada que nunca. Mi privacidad había sido invadida hasta tal punto que me sentía aterrorizada. Llamé a la policía de inmediato. Me daba mucho miedo tener que quedarme sola en la casa. No quería ir a ninguna parte excepto a mi oficina, donde me sentía segura.

Me puse en contacto con la policía y les dí el sobre junto a las fotografías. Cuando el agente de policía analizó las fotografías dijo que no había indicios que indicaran de donde habían sido tomadas las fotografías, pero que sospechaba que las fotografías habían sido tomadas por el mismo que enviaba las cartas. Dijo que en el sobre había un matasellos, lo cual podría servir de ayuda al equipo de investigación. El oficial tomó la información y dijo que alguien de la policía se pondría en contacto conmigo.

Pasaron tres semanas hasta que la policía se puso en contacto conmigo. Había vivido con el miedo de que nunca más volviera a ser libre de vivir mi vida sin ser perseguida. Un agente de policía me llamó y me comunicó que tenía que acudir a la comisaría ya que un sospechoso había sido arrestado en relación a mi caso. Respiré con alivio y estaba impaciente por saber quién había sido arrestado.

Cuando llegué a la comisaría de la policía, me dijeron que el personal de seguridad del supermercado local había contactado con la policía para dar parte de un intento de robo en el supermercado. Aparentemente, un hombre había intentado salir del supermercado sin pagar por una revista de deporte que había robado. Cuando el agente de seguridad detuvo al hombre y le confiscó la revista, el agente encontró fotografías al azar, similares a las que había recibido yo en mi correo, puestas dentro de la revista. La policía me enseñó las fotos que habían sido confiscadas. En tales fotografías aparecía yo entrando y saliendo de mi oficina, otras en las que aparecía yo comprando y otras en las que salía vistiéndome y quitándome la ropa antes de ir a la cama. ¡Dios mío! ¡Este loco estaba obsesionado conmigo! ¡Me dio un escalofrío! ¡Esta persona me estaba acosando!

La policía dijo que cuando le acusaron por delito penal contra él, este dijo:

"No permitan que me quiten mi trabajo. La observo mañana y noche. Ella es mía. Mi trabajo es asegurarme de que está bien".

PREGUNTAS

1) ¿Crees que el hombre que robó la revista de deporte tenía una adicción o una obsesión?

Adicción___   Obsesión___

2) ¿Qué sentencia impondría usted?

a) Condena de seis meses en contra de este hombre, siendo sujeta a revisión cada treinta días, quedando prohibido el contacto con Vicky. El hombre debe inscribirse en un programa de un año para tratar con su comportamiento obsesivo. El Estado pagará por este programa.

Sí___ No___

b) El hombre no va a cambiar su forma de ser. Permanecerá en prisión durante un año.

Sí___ No___

c) El hombre debería ser acusado por acoso.[9]

Sí___ No___

d) El hombre tiene un problema psicológico. Debería ser internado en un centro psiquiátrico durante un período de tiempo indefinido y dejarlo en libertad cuando el Centro determine que ha superado su comportamiento inapropiado.

Sí___ No___

e) La comunidad de vecinos debería condenar al hombre, no el Estado.

Sí___ No___

f) ¿Consideras que el incidente sobre el hombre robando la revista puede influenciar en la condena que has decidido imponer?

Sí___ No___

¿Por qué?
_____
_____
_____

---

[9] Ver el Anexo B para consultar la definición de acoso.

CUIDADO CON BETTY

Betty es acusada de agresión por causar daños físicos. La víctima, Greg Dodsworth, es un hombre joven que visitaba la propiedad por motivos de negocios. Greg estaba trabajando en el departamento de una compañía de gas natural y necesitaba que Betty le firmara unos documentos para permitir que los trabajadores de la compañía pudiesen entrar en su propiedad para instalar líneas de gas.

DECLARACIÓN DE DODSWORTH

El día que llamé a la casa de Betty Fabien, vi señales indicando que había una casa privada y que un perro peligroso guardaba los alrededores. Tras ver la señal de advertencia, toqué el claxon de mi vehículo mientras me aproximaba a la casa. No me bajé del coche inmediatamente, sino que esperé a que alguien saliera de la casa.

Esta señora salió de la casa sosteniendo un rifle. No retrocedí con mi camión para marcharme de allí, sino que esperé hasta que estaba a una distancia lo suficientemente cerca como para que pudiera escucharme y bajé la ventanilla de mi vehículo para que pudiera escuchar quien era y cual era el propósito de mi visita. Ella reaccionó como si la hubiese molestado y me dijo que estaba ocupada disparando ardillas de tierra cuando de repente, oyó que me acercaba a la puerta. Eso explicaba por qué llevaba un arma en la mano, no obstante, su manera de actuar me resultó extraña.

La señora dijo que había recibido una carta del departamento de la compañía de gas natural del estado informándole de que se requería instalar líneas de gas en su propiedad y que un representante se pondría en contacto con ella. Ella dijo: "Usted debe de ser el representante".

La señora Fabien dijo que no entendía por qué su propiedad había sido elegida para instalar las líneas de gas natural. Sus palabras fueron las siguientes: "¿Por qué no pueden dejarme en paz? ¿Por qué tienen que destrozar el ecosistema en el que vivo y utilizar mi propiedad para llevar a cabo la instalación?"

Decidí no responder a su comentario y proseguir con mi trabajo. Sabía que los trabajadores de mi departamento habían sido citados la semana siguiente para instalar las líneas de gas.

Era imprescindible comunicarle a esta señora la fecha en la que las líneas de gas iban a ser instaladas, el pago que recibiría por dejarnos acceder a su propiedad para llevar a cabo la instalación y obtener su firma para permitir al departamento que procediera a solicitar el derecho de acceso a la propiedad de otros.

Sus modales eran distantes, pero asintió con la cabeza cuando le pregunté si sería tan amable de firmar los documentos que autorizaban a los trabajadores a entrar en su propiedad para realizar la instalación. "Firmaré el maldito papel, pero quiero darle una ligera idea del desastre y el daño que eso acarrearía a mi propiedad".

Ella me dijo que el perro estaba en la casa y que era seguro salir del camión. Entré a la casa para que pudiera leer, revisar y firmar los papeles. Salí del camión y la seguí. Subimos unas escaleras hasta llegar a la entrada a la casa. Cuando abrió la puerta, un perro se abalanzó sobre mí, me mordió el brazo clavándome sus afilados dientes desgarrándome la piel. La señora Fabien daba vueltas cuando el perro me atacó y me golpeó en la cara con el rifle que sostenía en las manos cuando llegué a ese lugar. No hizo nada para detener al perro, ni siquiera cuando yo gritaba de dolor. Me las tuve que apañar para quitarme al perro de encima y poder salir de allí. Una vez pude soltarme, corrí de inmediato a mi camión.

Vi que mi brazo estaba sangrando y me dí cuenta de que necesitaba asistencia médica. Mi nariz estaba sangrando y creía que estaba rota. Fui capaz de utilizar mi teléfono móvil para llamar a la oficina. La señora Fabien ni tan siquiera intentó ayudarme.

Fui conduciendo por mi propia cuenta hasta el hospital que se encontraba a una hora y media de la propiedad de la Señora Fabien. Fui a emergencias donde me atendieron y curaron mis heridas. El doctor me vacunó contra el tétano y me puso quince puntos en el brazo. El doctor me hizo saber que mi nariz estaba rota. Dijo que no había nada que hacer excepto dejar que cicatrizaran y sanaran las heridas. Me prescribió pastillas para calmar el dolor y me hizo saber que mi nariz se vería siempre resentida.

Estuve dos semanas de baja para recuperarme del incidente. Tuve que volver al hospital para comprobar como seguía mi brazo y para que me quitaran los puntos.

DECLARACIÓN DE BETTY

La señal de advertencia era bien clara. No tenía derecho a entrar en mi propiedad. Había ido a disparar ardillas de tierra cuando el hombre llegó. No anunció su llegada, aunque sí vi que conducía un vehículo del Estado. Salió de su camión y se aproximó hasta la puerta de la entrada de mi casa. Mi perro, Rico, estaba fuera de la casa. Iba a traerlo conmigo a disparar ardillas de tierra. Asegurándose de que me protegía, Rico corrió hacia el hombre que había salido del vehículo y que se dirigía hacia la casa. Rico lo agarró del brazo. Cuando vi al hombre enfrentándose con Rico, corrí hacia él e incliné el rifle para golpear al perro. Desafortunadamente, golpeé al hombre en vez de al perro, pero fue por error.

DECISIÓN DEL TRIBUNAL ANTERIOR A LA SENTENCIA

Declaramos a la señora Betty Fabien culpable de agresión causando daños físicos. El caso ha sido analizado al detalle. Asimismo, se ha concluido un informe sobre informes anteriores a la sentencia para esclarecer lo descrito como una agresión injustificada a la víctima, el Sr. Dodsworth. Se ha llevado a cabo una investigación a fondo sobre este caso con el propósito de averiguar la razón por la cual la acusada actuó de esa manera durante el incidente. Según la información que la Sra. Fabien había dado al asistente social que preparaba el informe de los informes anteriores a la sentencia, supe que la Sra. Fabien tiene una fija obsesión por mantenerse aislada y tiene la voluntad de vivir en un hogar donde pueda estar aislada de la gente. Al parecer, hizo todo lo que pude para asegurarse de que la gente comprendiera que no era bien recibida a entrar en su propiedad. Ella instaló puertas y barreras para indicar que estaba prohibida la entrada a su propiedad y que nadie debía entrar allí. Las señales era claras "No entrar, Propiedad Privada, Cuidado con el Perro".

Cuando la gente como El Sr. Dodsworth necesitaba entrar a su propiedad, para negociar con ella algún asunto comercial, les hacía sentir incómodos y lograba que de ese modo se largaran. El arma que llevaba la Sra. Fabien supuestamente utilizada para cazar ardillas de tierra, no debería haber sido usada de la manera en que lo hizo. Era un arma peligrosa. No se acepta como válida la declaración en la que se afirma que La Sra. Fabien estaba intentando golpear el perro.

La Sra. Fabien no tiene familia directa o hijos. Su perro es su único amigo. El resentimiento que desprende hacia la gente me horroriza. La Sra. Fabien dijo al asistente social que le gustaría haber nacido en una era diferente, una era anterior a la invención de los vehículos a motos y de la tecnología moderna. Le hizo saber al asistente social que lo único que quería era quedarse asolas con sus animales. La Sra. Fabien le dijo: "Mis amigos son los animales, no la gente".

PREGUNTAS

1) ¿Crees que Sra. Fabien tenía una adicción o una obsesión?

Sí___ No___

2) ¿Qué sentencia impondría usted?

Añada una marca de verificación al lado de la sentencia que elija.

a) Una orden de seis meses en su contra, siendo sujeta a revisión cada treinta días prohibiéndole el contacto con el Sr. Dodsworth. La Sra. Fabien debe inscribirse en un programa de un año para tratar su comportamiento inapropiado. El Estado pagará por este programa. ___

b) La Sra. Fabien no va a cambiar su forma de ser. Permanecerá en prisión durante un año. ___

c) La Sra. Fabien debería ser acusada por acoso.[10] ___

d) La Sra. Fabien tiene un problema psicológico. Debería ser internada en un centro psiquiátrico durante un período de tiempo indefinido y dejarla en libertad cuando el centro determine que ha superado su comportamiento inapropiado. ___

e) La comunidad de vecinos debería condenar a la Sra. Fabien, no el Estado. ___

---

[10] Ver el Anexo B para consultar la definición de acoso.

EL ARREPENTIMIENTO DE REG

Reg es acusado por agresión causando daños físicos. Se declaró culpable de los cargos.

SENTENCIA CONDENATORIA DE LOS ABOGADOS DEL ESTADO DE TORCIA

El cargo presente surge de un incidente donde la víctima y el acusado se encontraban bebiendo en el Bar Woody de Jervis. La víctima fue golpeada en la cara por el acusado rompiéndole la nariz.

Cuando la policía llegó a la escena de la agresión, el agresor reconoció haber agredido a la víctima. La policía hizo el informe indicando que al parecer el agresor había agredido a la víctima sin provocación previa. El acusado fue arrestado sin ningún contratiempo. La víctima comentó que había estado intentando bromear con el otro hombre cuando fue atacado.

El acusado tiene antecedentes por agresión y cuatro condenas previas por agresión, las cuales tuvieron lugar en diferentes bares.

El Estado reconoce que el acusado sufre una discapacidad psíquica, lo cual podría explicar sus acciones. Sin embargo, no se presentaron pruebas que demostraran que Reg no tenía la capacidad de entender sus actos.

SENTENCIA CONDENATORIA DEL ABOGADO DE REG

Reg es un hombre de cincuenta años que vive solo y no trabaja. Se ha declarado culpable desde el principio.

En su situación actual, el hombre al que agredió Reg había estado haciendo bromas con él en el bar y había utilizado el nombre de Reg en sus bromas. Reg creía que el hombre se estaba riendo de él e inmediatamente le golpeó en la cara. Reg dijo que se enfadaba cuando creía que la gente se burlaba de él. Reg dijo que le había ocurrido lo mismo en numerosas ocasiones.

Reg confirma que rompió la nariz de la víctima. Se adujo que el comportamiento paradójico de Reg fue espontáneo y sin meditación previa.

Reg manifiesta su arrepentimiento por la agresión y desea presentar sus disculpas ante la víctima presentando disculpas por carta, la cual entregué al abogado del Estado de Torcia con el fin de que se lo entregara a la víctima.

YO, LO SIENTO, PERDÓN, REG ☺

PREGUNTAS

1) ¿Crees que Reg tenía una adicción o una obsesión?

   Sí___ No___

2) ¿Qué sentencia impondría usted?

Añada una marca de verificación al lado de la sentencia que elija.

   a) Una orden de seis meses en contra Reg, siendo sujeta a revisión cada treinta días prohibiéndole el contacto con la víctima. Reg debe inscribirse en un programa de un año para tratar con su comportamiento inapropiado. El Estado pagará por este programa. ___

   b) Reg no va a cambiar su forma de ser. Permanecerá en prisión durante un año. ___

   c) Reg debería ser acusado por acoso.[11] ___

   d) Reg tiene un problema psicológico. Debería ser internado en un centro psiquiátrico durante un período de tiempo indefinido y dejarlo en libertad cuando el centro determine que ha superado su comportamiento inapropiado. ___

   e) La comunidad de vecinos debería condenar a Reg, no el Estado. ___

---

[11] Ver el Anexo B para consultar la definición de acoso.

EL DILEMA DE DARLENE

Esta la tercera vez que se me condena por robo. En cada caso había robado una caja de preservativos. La primera vez que fui acusada, se me concedió la libertad condicional. La instancia decisoria solo quería que viviera en plena normalidad y que tuviera un comportamiento adecuado durante un período de seis meses. La segunda vez, tuve que indemnizar al supermercado por los objetos que había robado. Esta vez, me dijeron que impondrían una condena que supondría un gran cambio en mi vida. Me preguntó si tenía algo que añadir antes de que dictaran mi condena.

ESTO ES LO QUE TENGO QUE DECIR:

Tenía doce años cuando mi madre me dijo que más me valía no llegar a casa con un bebé. Ella dijo: "Asegúrate de no quedarte embarazada".

En ese período de tiempo, no entendía lo que significaba aquello pero me di cuenta de que estaba relacionado con permitir que un hombre entrara en mis pantalones. Mamá dijo: "Ten cuidado. No pasará mucho tiempo hasta que te percates de ello. Todos los hombres son iguales; lo único que quieren es meterse en tus pantalones".

No veía a ningún hombre queriendo meterse en mis pantalones, pero empecé a observarles para asegurarme de que no tocaran mis pantalones.

Tengo dos hermanos y una hermana. Mis hermanos son mayores que yo y pasan la mayor parte del tiempo con papá y me dejaban en casa sola con mamá. Papá se llevaba a mis hermanos para que trabajaran en el campo, pero yo tenía que quedarme en casa ayudando a mi madre con las tareas de casa y en la cocina. Aprendí a limpiar y a cocinar pasteles y dulces.

Mi hermana murió cuando tenía tan solo tres años de edad. Un día, mientras se encontraba jugando en la calle fue arrollada por un camión. El conductor no había visto a la niña cuando daba marcha atrás. Yo tenía seis años cuando eso ocurrió y mis hermanos tenían diez. Todos me dijeron que mamá cambió desde la muerte de mi hermana. Personalmente, no lo creo. Creo que mamá ha estado siempre algo perturbada.

Mamá intentó matarme cuando tenía diez años. Tomó un cuchillo y lo puso en mi garganta gritando: "Eres una niña malvada". "Tenías que haber muerto tú en vez de tu hermana". Uno de mis hermanos acudió a toda prisa a la cocina cuando me escuchó gritar. El me sacó de esa situación. Tenía suerte de que estuviera en casa cuando esto ocurrió. Él tenía catorce años y estaba acostumbrado a los ataques de histeria de mamá. Él sabía como calmarla. Le dijo a mi madre que me dejara ir y que él se encargaría de mi castigo por haberla decepcionado. Entonces mamá me dejó marchar.

No quería las muñecas normales como las que tenían las otras niñas de mi edad. Quería muñecas con las que pudiera hablar. Quería muñecas que fuesen chicos mayores pero nunca me regalaron ninguna. Tenía que jugar con muñecas hasta que fuese más mayor para poder encontrar chicos con los que jugar. Eso llegó cuando empecé a jugar con el primer chico que jugó conmigo cuando las cosas empezaron a ir mal. No hice caso de las advertencias de mi madre y le dejé entrar en mis pantalones. Sabía que no podía llegar con bebés a casa, así que decidí tener un aborto.

Sabía que no podía permitir que eso pasara de nuevo. Por esa razón empecé a robar preservativos.

Eso es lo que tengo que decir. No merezco ser encarcelada por esto.

PREGUNTAS

1) ¿Crees que Darlene tenía una adicción o una obsesión?

Sí___ No___

2) ¿Qué sentencia impondría usted?

Añada una marca de verificación al lado de la sentencia que elija.

a) Darlene no va a cambiar su forma de ser. Permanecerá en prisión durante un año. ___

b) Darlene tiene un problema psicológico. Debería ser internada en un centro psiquiátrico durante un período de tiempo indefinido y dejarla en libertad cuando el centro determine que ha superado su comportamiento inapropiado. ___

c) La comunidad de vecinos debería condenar a Darlene, no el Estado. ___

AUTO-EVALUACIÓN

Tiene la oportunidad de hacer una auto-evaluación después de leer las historietas dentro del apartado "Adicciones y Obsesiones".

Indica la puntuación que crees merecer según:

    1) Identificación de los temas tratados en éste capítulo.___
    2) Sugerencias y comentarios que hayas hecho.   ___
    3) La persona que toma las decisiones.   ___

        TOTAL: ___

Puedes puntuarte desde la nota 0 (la más baja) a 5 (la más alta). Esto es un juego. Recuerda que no hay respuestas correctas o incorrectas.

EL MEDIADOR OMNIPOTENTE QUE TOMA LAS DECISIONES

CAPÍTULO 4

EL MEDIADOR OMNIPOTENTE QUE TOMA LAS DECISIONES

En este capítulo usted será el mediador omnipotente que tomas la decisiones. Usted podrá observar al acusado desde perspectivas diferentes. Se le proporcionará información referente al acusado, incluyendo la información en relación al acusado y su abogado, así como la información facilitada por las terceras partes como la proporcionada por los asistentes sociales y los psicólogos. Se le proporcionará información con carácter confidencial (privilegio cliente abogado) la cual está reservada a los clientes y sus respectivos abogados para el beneficio del mismo. Esto le permite a usted, el mediador omnipotente, disponer de toda la información necesaria acerca del delito y del agresor.

En algunos informes, se le facilitarán comentarios básicos sobre el delito y el agresor. En estos casos, se le preguntará qué información adicional considera que requiere disponer con la finalidad de dictaminar una sentencia del delito en cuestión.

EL PROBLEMA DE TONI

REUNIÓN DE TONI CON SU ABOGADO

Soy consciente de que estoy metido en un buen lío esta vez. Los picoletos me pusieron todas las multas que pudieron por conducir sin licencia, bajo los efectos del alcohol y por conducción temeraria causando víctimas mortales.

¡Joder! Solo estaba conduciendo por la calle para ir de un bar a otro cuando el accidente pasó. Me supo mal por la mujer y el hijo que murieron en el accidente, pero fue un accidente y la mala suerte.

No vale la pena seguir discutiendo para luchar contra los cargos. Sé que me enviarán a la cárcel de nuevo. Por esa razón estoy aquí hoy. Quiero emprender esto cuanto antes para que acabe lo antes posible. Adelante, puedes condenarme y declararme culpable.

No tengo nada de dinero, pero se que encontrará la manera de pagar mi caso mediante el Programa de Ayuda Legal de Torcia. Ya has hecho por mí eso antes.

No tenía licencia para conducir porque me había sido retirada la última vez que fui a juicio.

COMPARECENCIA ANTE EL TRIBUNAL

Tras las conversaciones entre el abogado de Toni y el abogado del Estado de Torcia, Toni accedió a declararse culpable por los dos delitos. El Estado descartó los cargos por conducción bajo los efectos del alcohol.

Toni se declaró culpable por:

Conducción temeraria causando víctimas mortales.
Conducción sin permiso de conducir.

SENTENCIAS DICTAMINADAS POR EL ABOGADO DEL ESTADO DE TORCIA

Toni Borris es una amenaza para la sociedad. Su historial muestra que ha sido condenado por conducción temeraria y por conducir sin el permiso de conducir en varias ocasiones. Ha sido multado, sometido a períodos alternos de prueba bajo libertad vigilada y encarcelado. Sin embargo, nada parece detenerlo e impedir que deje de causar estragos en las calles y carreteras del Estado de Torcia. Solicito que encarcelen a este hombre durante un largo período de tiempo. También solicito que se recomiende al Registro de Conductores del Estado de Torcia que impongan una prohibición de por vida para evitar que este hombre obtenga el permiso de conducir de nuevo.

He hablado con el abogado del Sr. Borris y reconoce el historial delictivo de su cliente, el cual incluye:

Cuatro delitos previos de conducción bajo los efectos del alcohol.

Tres delitos por conducir sin el permiso de conducir.

SENTENCIAS DICTAMINADAS POR EL ABOGADO DE TONI

Toni Borris se declara culpable en primera instancia.

Toni tiene cincuenta y nueve años. Está divorciado y ha vivido en Wella toda su vida. No tiene hijos y es un trabajador ocasional.

Toni me ha pedido que transmita su remordimiento por el accidente y por la muerte de la otra conductora y su hija.

Se ha dictaminado que una condena de dos años de prisión concurrente sería apropiada por los dos cargos por los cuales Toni se ha declarado culpable.

DECISION DEL TRIBUNAL

Por el delito de conducción temeraria causando víctimas mortales, será condenado a treinta y seis meses de prisión y le será retirada a licencia para conducir durante cinco años.

Estas condenas son consecutivas, lo que significa que primero se aplicará una y luego la otra.

Sr. Borris, esto no es ningún juego. Una mujer y su hijo murieron porque usted estaba conduciendo bajo los efectos del alcohol y las mató en un accidente de tráfico. Debe despertarse y darse cuenta de lo que ha hecho, así como del peligro y daño que causa a los demás. Le condeno a pasar un tiempo considerable en prisión. No puedo curar su enfermedad y considero que usted padece una enfermedad, pero quiero que sea consciente de que necesita ayuda. Debe hacer algo para superar los problemas con el alcohol.

COMENTARIOS DE TONI RESPECTO A LA SENTENCIA DEL ABOGADO

¡No necesito recibir lecciones morales de un viejo! Torcia es un Estado Libre, no puede decirme lo que debo o no debo que hacer. Puedo beber si me apetece hacerlo.

El juez es un iluso si cree que va a conseguir que deje de conducir cuando salga de la cárcel. Todos saben que conducir es un derecho fundamental en Torcia. He conducido desde que tenía cinco años.

Soy consciente de que cuando entre en la cárcel, me harán asistir a cursos para que deje la bebida. Pero eso es una pérdida de tiempo y de dinero.

Ya he ido a esos cursillos antes, pero no funcionó. Siempre encuentro la manera de cómo beber alcohol en la cárcel y en la calle. No soy un alcohólico. Solo disfruto de la bebida.

PREGUNTAS

1) ¿Está de acuerdo con la decisión tomada por el Tribunal de primera instancia?

Sí ___ No___

2) ¿Qué principios (ver Anexo A) cree que debería tener en cuenta el Tribunal a la hora de condenar a Toni?[12]

_____

_____

_____

3) ¿Considera relevante la información proporcionada para la comprensión del caso?

_____

_____

_____

4) ¿Cree que Toni habría tomado una decisión distinta si hubiera tenido la oportunidad de dialogar con él?

Sí ___ No ___

5) ¿Qué sentencia impondría usted?

_____

_____

_____

_____

---

[12] Ver el Anexo A.

APELACIÓN DE MATT

El Estado de Torcia ha apelado la sentencia del Tribunal de Sentencia por el delito de conducir en estado de embriaguez. Le fue concedida la libertad condicional AA afrontándose a su problema con el alcohol. Anteriormente, el Estado estaba de acuerdo con la sentencia dictaminada por el Tribunal. Sin embargo, un decano abogado del Departamento de Justicia del Estado de Torcia tras ver su historial delictivo y la lista de delitos, el decidió que el departamento debía apelar la decisión del Tribunal.

Se requiere que tome las decisiones que le corresponderían al Tribunal de Apelaciones. Usted deberá tomar la decisión de esta apelación. Tiene dos opciones, puede estar de acuerdo y aceptar la decisión del juez, o de lo contrario, dictaminar una sentencia diferente por los dos delitos de los que Matt es acusado: conducir en estado de embriaguez y sobrepasar los límites de velocidad permitidos por la ley.

El abogado de Matt hizo presentó la siguiente apelación al juez del Tribunal. Para esta apelación, Matt escribe su propio alegato.

APELACIÓN DE MATT

Quiero hablarles de mi problema con el alcohol, así como también explicarles como fui capaz de solucionar mi problema.

Me llamo Matt Cahill. La policía me arrestó porque había superado los límites de velocidad al volante. La mala noticia era que había estado bebiendo y el agente de policía pudo oler el whiskey que desprendía mi aliento. Solicitó que acudiera a comisaría para someterme a una prueba de alcoholemia. Desafortunadamente, dio positivo. Ya he tenido estos problemas antes por conducir en estado de embriaguez. Esta vez, se me impone otra condena, conducir sobrepasando los límites de velocidad permitidos.

Mi historial criminal es grave. Han pasado unos años desde la primera vez que me pillaron, pero pasó otra vez. La última vez fue horrible. Maté una persona mayor. He intentado borrar eso de mi memoria, pero no puedo. Los recuerdos han vuelto para martirizarme. Quiero deshacerme de ese recuerdo, de esos pensamientos, pero siguen presentes en mi cabeza. Sigo teniendo reviviscencias del accidente.

Recuerdo el desenfoque de luces que venían hacia mí. Mi pie pisa el freno y al instante los frenos hacen un chirrido. Se escucha un sonido estridente contra un metal. Algo abrupto impacta sobre mí. Siento dolor a través de mi frente. No puedo respirar. Estoy sangrando. Puedo notar la sangre derramándose por mi cara. No puedo moverme. Mis manos sujetan con fuerza el volante.

Todo se vuelve oscuro.

Escucho voces diciendo: "Ese es el hombre que estrelló su coche contra el otro que venía en dirección contraria. El hombre no pudo salvarse. Murió antes de que"…

Fui acusado de conducción imprudente y en estado de embriaguez causando una víctima mortal. Me presenté ante el Tribunal. Me declaré culpable de los delitos por los que se me acusaba y fui ingresado en la cárcel. Bajé mi cabeza e intenté asimilarlo. Encontré mucha bebida en la cárcel. A menudo la hacíamos nosotros mismos.

Cuando salí de la cárcel, intenté dejar la bebida, pero no fui capaz. Soy fontanero y bebo casi todos los días, incluso a veces, cuando trabajaba por mi cuenta, bebía cuando estaba en el trabajo.

En esta ocasión, estaba conduciendo de camino a casa después de terminar mi trabajo como fontanero donde había estado bebiendo toda la tarde. Me pararon por exceso de velocidad al volante.

El agente de policía que me paró me dijo que tenía derecho a contactar con un abogado. Llamé a un abogado que elegí de la lista. Elegí al abogado que aceptó acudir a hablar conmigo en la comisaría de policía esa misma tarde.

Cuando el abogado llegó a comisaría, un agente lo llevó hasta la habitación de interrogatorios. Quería un whiskey para darme fuerzas pero sabía que no podía conseguir uno. Tuve suerte de que en comisaría tenían una máquina de café y pude tomarme uno. Intenté centrarme solo en beberme el café, pero el olor del café combinado con mi hiperhidrosis, me ponía enfermo.

Por otra parte, quizás fuese el miedo de admitir quien era lo que realmente me hacía sentir de esa manera. Incluso el simple hecho de sujetar el vaso de café me suponía un esfuerzo para mí mientras hablaba con el abogado. Le dije que quería declararme culpable y le conté lo del accidente cuando maté a ese hombre y le mencioné los recuerdos que me atormentaban relacionados con el accidente. Le dije que el alcohol estaba destrozando mi vida y que no podía olvidar lo que había hecho.

Le hice saber a mi abogado los delitos que había cometido. En los últimos cinco años había sido acusado de:

- Robo de más de 1000 dólares;
- Conducción en estado de embriaguez sin licencia;
- Conducción en estado de embriaguez y tres condenas por conducir sin licencia;
- Conducción temeraria causando víctimas mortales.

Dado mi historial delictivo, le pregunté a mi abogado cuanto tiempo tendría que ingresar en la cárcel esta vez. Él me interrumpió; recuerdo sus palabras: "Sr. Cahill, tranquilícese. Tengo varios clientes con casos e historiales delictivos similares al suyo. Lo que necesito saber es: "¿Quieres solucionar tu problema con el alcohol? Si estás dispuesto a luchar para superarlo, hay gente que puede ayudarte". Creo que sus palabras fueron esas. "Hay gente que puede ayudarle". Eso me hizo venirme abajo. Empecé a llorar como un bebé. Su forma de hablar distante y cordial era dura y contrastaba con sus palabras. Finalmente, tenía aún quedaba la esperanza de rehabilitarme.

Nuestro segundo encuentro fue en su oficina. El abogado me explicó qué ley utilizaría para ayudarme. Me hizo saber que ya había hablado con el abogado del Estado de Torcia sobre mi caso. Dijo que el abogado del Estado de Torcia estaba dispuesto a posponer la apelación del Tribunal, cuya resolución es la "Condena AA". Intenté entender lo que me decía, pero todo aquello me sobrepasaba. Era consciente de que debía acudir a una revisión médica, para tomar un tratamiento y asesoramiento. Con respecto a lo que me dijo, sonó como si tuviese que ir a un "campo de entrenamiento".

No entiendo nada de estas sandeces legales, pero mi abogado, el abogado del Estado y el juez parecieron entenderlo todo. Mi abogado me ha entregado una copia donde se incluye la información proporcionada por el juez.

Cuando comparecimos ante el Tribunal, mi abogado hizo las apelaciones y proporcionó los documentos del médico que certificaban que estaba enfermo y tomando las medidas para tratar con mi adicción con el alcohol. Informes de los asistentes sociales y de mi medico fueron entregados al juez; información relacionada con mi asistencia al Centro de Reformatorio de Torcia, o como yo lo denominaba "campo de entrenamiento". Había sido muy duro, eran muy estrictos.

Esta es la disposición jurídica que mi abogado presentó ante el Tribunal:

Libertad Condicional AA, Sección 942:

Cuando una persona ha cometido un delito de conducción temeraria, el Tribunal puede imponer una condena, llamada Libertado Condicional AA. En vez de imponer sanciones legales por el delito de conducción temeraria, la Libertad Condicional AA puede ser concedida cuando se presentan pruebas que certifican que el acusado está a la espera de someterse a un tratamiento para superar su adicción al alcohol. Así mismo, dicho documento es entregado al Tribunal, haciéndole saber que dicha medida será beneficiosa al público para tratar la adicción del acusado. En el caso de que la Libertad Condicional AA sea la condena elegida, El Tribunal impondrá dicha sentencia estableciendo condiciones para el tratamiento del acusado dentro de un plazo determinado.

El juez concedió la apelación de La Libertad Condicional AA durante un período de dos años basado en el hecho de que había convencido al juez de que había dejado la bebida. El juez impuso condiciones con relación a la Libertad Condicional. Una de las condiciones era que debo reunirme con un agente AA cada semana durante un período de un año.

Antes de la siguiente cita ante el Tribunal, recibí una carta de mi abogado explicándome lo que había sucedido. Le adjunto una copia de esa carta (Prueba Documental) y espero que le convenza para que la condena impuesta por el Tribunal siga vigente para que pueda completar mi sentencia. Estoy seguro de que puedo superar mi problema con el alcohol.

PRUEBA DOCUMENTAL

Estimado Sr. Cahill:

Le escribo para confirmar mi asistencia ante el Tribunal de Torcia el 4 de junio. Para ese entonces, el informe de asistencia al curso de rehabilitación en el Centro de Rehabilitación de Torcia le será entregado al Tribunal. También se formularán declaraciones conjuntas de mi oficina y del abogado del Estado de Torcia con respecto a la condena por los delitos de los que usted se declaró culpable, conducción temeraria y exceso de velocidad.

El Tribunal le concedió la Libertad Condicional AA por un período de 2 años basado en los términos establecidos que usted firmó en la oficina de Clark. El juez revisó los términos de dicha sanción disciplinaria la cual le fue enviada junto con una copia de los términos. Los términos son complejos y requieren la revisión, conformidad y cumplimiento durante un período de dos años. Debe continuar su tratamiento durante el período de tiempo establecido tal y como se ha especificado en la Sentencia.

El Tribunal también ordenó la retirada del permiso de conducir durante un año, enfatizando que usted no debe conducir un vehículo a motor durante ese período de tiempo. El Tribunal le concedió tres meses para pagar la multa de tráfico por la conducta de exceso de velocidad, ascendiendo a una multa de 1000 dólares.

Gracias por solicitar mi defensa. Le deseo que siga teniendo mucho éxito en sus emprendimientos.

Atentamente,

Su abogada

C. Bueno

PREGUNTAS

1) ¿Está de acuerdo con la decisión tomada por el Tribunal de primera instancia?

Sí___ No___

2) ¿Qué principios cree que utiliza el Tribunal en la condena de Matt? [13]

_____
_____
_____

3) ¿Cree que es suficiente la información proporcionada para la comprensión del caso?

_____
_____
_____

4) ¿Cree que Matt habría tomado una decisión distinta si hubiese tenido la oportunidad de dialogar con él?

Sí ___ No ___

5) ¿Cree que la condena AA puede ser impuesta a otros delincuentes acusados de conducir bajo los efectos del alcohol?

Sí ___ No ___

¿Por qué?

_____
_____
_____

---

[13] Ver el Anexo A.

UNA PUERTA GIRATORIA - REINCIDENCIAS Y MENTIRAS

Jack es un abogado en Torcia. La familia Rocka es uno de los clientes de Jack. De una generación a otra, la familia Rocka ha requerido servicios jurídicos por delitos relacionados con drogas, alcohol, robo y violencia. Fred, su patriarca, tiene un largo historial delictivo por conducción temeraria, robo y posesión de drogas
blandas. La mayoría de sus delitos dieron como resultado declaraciones de culpabilidad o acuerdos judiciales que Jack había dispuesto para él.

Las condenas más recientes a las que Jack tuvo que enfrentarse fueron dos delitos en los que el sobrino de Fred, Jim, se vio involucrado. Se le impusieron condenas por pronunciar una amenaza de muerte y por agresión. Jim tiene dieciocho años y trabaja en el sector de la construcción donde ayuda con sus terrenos para las excavaciones.

Tras el estudio del caso, Jack decidió llevar los asuntos a juicio.

LA CONVERSACIÓN ENTRE JIM Y SU ABOGADO ANTES DEL JUICIO

Fui hasta mi casa prefabricada para hablar con Alex, el novio de mi hermana. Mi hermana Tracy me había llamado antes esa semana y me dijo que Alex la había agredido cuando estaba borracho. Quería hablar con el y decirle que llamaría a la policía si volvía a agredir a mi hermana de nuevo.

Tracy me dijo que Alex estaba durmiendo mientras que él había estado bebiendo con sus amigos la noche anterior. Ella dijo que debía volver a casa cuando despertara. Miré mi reloj y vi que eran las cuatro de la tarde. Decidí despertarle.

Cuando abrí la puerta del dormitorio, vi que Alex ya se había levantado. No me dio tiempo a decirle nada. No tuve la ocasión de articular palabra. Alex me recibió con un bate de baseball en sus manos. Mi primera reacción fue golpearle antes de que me golpeara él a mí.

Jack revisó el historial criminal de Jim antes de ir a juicio. Jim admitió haber sido acusado por los delitos presentes en el informe policial, incluyendo dos delitos previos por agresión causando daños físicos dentro de los dos últimos años y cuatro condenas por posesión de cocaína, en los últimos tres años.

EL PRIMER JUICIO

Estaba previsto que el juicio de Jim tuviera lugar en la fecha acordada, pero se aplazó porque un testigo, Alex no se presentó a juicio. El Tribunal aplazó el juicio e informó al abogado del Estado de Torcia para asegurarse de que dicha comparecencia era notificada a todos los testigos del caso. El abogado del Estado de Torcia entregó la comparecencia a los testigos Alex y Tracy.

EL SEGUNDO JUICIO

Tracy se presentó ante el Tribunal para testificar. Alex no acudió al segundo juicio. El Tribunal no solicitó otra comparecencia, ya que el Tribunal presuponía que era poco probable conceder otro aplazamiento.

Interrogatorio principal de Tracy

Mi hermano Jim vino a mi casa el día del incidente. Me dijo que Alex le debía dinero de un coche que le había vendido. Jim estaba gritándole a Alex "¡Voy a matarte, hijo de puta! Devuélveme mi dinero. ¡Voy a matarte!" Lo siguiente que oí fue un grito y de repente, vi que Alex estaba sangrando por la nariz.

Tracy intentó reunir una camisa manchada de sangre, la cual Alex había llevado este día. El juez rechazó que trajera como prueba la camiseta para probar que la sangre impregnada en la camiseta era de Alex.

El juez también indicó que no había pruebas que demostraran que la camiseta había estado conservada en un lugar seguro desde la fecha del presunto incidente, ya que no había sido entregada a la policía. La declaración de Tracy fue que había dejado la camiseta en el dormitorio pero que cuando Alex no se presentó al juicio, decidió llevarlo para probar lo que Jim había hecho.

Contra-Interrogatorio de Tracy

En el contra-interrogatorio de Tracy, ella manifestó que no había visto a Jim agrediendo a Alex. Sin embargo, afirmó que sabía que le había agredido porque justo después de que Jim abriera la puerta del dormitorio, Alex gritó y salió de la habitación sangrando por la nariz. Ella dijo que estaba presente cuando Jim le amenazó de muerte. Ella admitió no saber hasta qué punto le afectaban las amenazas de Alex ya que Alex y Jim solían utilizar un lenguaje un tanto vulgar cuando estaban juntos.

Alex no se presentó ante el Tribunal.

Resolución basada en la información proporcionada anteriormente citada. Jim no prestó declaración.

INFORMACIÓN PRESENTADA POR EL ABOGADO DE TORCIA

Alex no prestó declaración pero el testimonio de Tracy corrobora que Jim estaba amenazando de muerte a Alex cuando supuestamente lo agredió y justo después Tracy vio como éste salía de la habitación sangrando por la nariz. Su testimonio corrobora que Jim había agredido a Alex cuando supo que Alex no tenía suficiente dinero para devolverle la deuda del coste del coche.

INFORMACIÓN PRESENTADA POR JACK ANTE EL TRIBUNAL

No había pruebas suficientes que confirmaran con certeza los delitos. El testigo clave, Alex, no se presentó ante el Tribunal para testificar. El testimonio de Tracy no era suficiente para probar un delito por alguno de los cargos y además, no había prueba directa que demostrara que Jim había golpeado a Alex.

No había suficientes pruebas del efecto que las amenazas de Jim habían tenido en Alex, basándose en que solían emplear un vocabulario bastante vulgar entre ellos. El Estado no ha aportado pruebas de que sea culpable de una duda fundada.

LA DECISIÓN DEL TRIBUNAL

El juez de Primera Instancia consideró que no había indicios suficientes que confirmen la condena por los cargos que se imponen. El juez afirmó que la ley requiere que el Estado verifique los indicios llevados ante el Tribunal más allá de una duda fundada y esto no había sucedido. El Juez de Primera Instancia absolvió a Jim de ambos cargos.

Nota al lector: La verdad no fue presentada ante el Tribunal. Jack no estaba contando la verdad en su declaración. El Tribunal no conoció lo que realmente pasó. Tracy y Jim sabían lo que realmente había sucedido pero no dijeron la verdad. Alex no quiso acudir al juicio porque no quería que se supiera la verdad.

LA VERDADERA HISTORIA

Alex no le debía dinero a Jim por un coche, sino por asuntos de drogas que Jim le había vendido. Jim era un narcotraficante local que vendía marihuana y cocaína a la gente del vecindario. Jim quería cobrarse el dinero que Alex le debía por la cocaína que le había vendido. Jim fue a la casa de Alex y Tracy para reclamarle el dinero que le debía. Cuando Alex dijo que no tenía el dinero, Jim decidió darle una lección. No había ningún bate de baseball. La camiseta manchada de sangre era la camiseta que Alex llevaba el día del incidente y Tracy la había guardado pero no la había entregado a la policía porque Tracy no quería que Alex descubriera que ella asistiría al juicio para testificar contra Jim.

El motivo por el cual Tracy prestó declaración ante el Tribunal fue porque estaba enfadada con Jim por haberle vendido drogas a Alex. Ella quería que Jim fuese enviado a la cárcel para que dejara de venderle marihuana y cocaína a Alex. Alex se había vuelto adicto a la cocaína y Tracy quería que dejara de consumir drogas. Tracy creía que si Jim era encarcelado, en ese caso, Alex ya no tendría quien le proporcionara el suministro de droga y de ese modo dejaría de tomar drogas.

Alex no quiso prestar declaración ante el Tribunal porque no quería testificar contra Jim, ya que éste era el que le suministraba la droga.

PREGUNTAS

1) ¿Usted cree que el juez tomó una buena decisión al absolver a Jim?

Eximir a un acusado de una pena o de una condena pecuniaria mediante una resolución judicial. La sentencia del Tribunal Supremo absuelve a cuatro de los siete acusados; fue absuelto y puesto en libertad por falta de pruebas.

Sí ___ No ___

2) ¿Hubiese condenado a Jim de agresión si usted tuviera que tomar la decisión?

Sí ___ No ___

3) ¿Si hubiera condenado por Jim, qué sentencia le imponen?

Añada una marca de verificación al lado de la sentencia que elija.

a) Libertad sin cargos ___ [14]

b) Libertad condicional ___ [15]

En tal caso, ¿Qué condiciones impondría?
_____
_____
_____

c) Multa ___

d) Términos de libertad condicional con Jim asistir a terapia para la violencia. ___

e) La libertad condicional según la cual Jim debe asistir a terapia para controlar su comportamiento violento. ___

---

[14] Ver el Anexo B para consultar la definición de Libertad sin cargos.
[15] Ver el Anexo B para consultar la definición de Libertad condicional.

f) Cárcel ___

g) Quiero imponer mi propia pena. Esta es:

_____
_____
_____

5) ¿A partir de la información proporcionada, impondría la cadena perpetua al acusado?

Si ___ No ___

6) ¿Si hubiera condenado a Jim, qué sentencia le impondría?

Añada una marca de verificación al lado de la sentencia que elija.

a) Libertad sin cargos ___ [16]

b) Libertad condicional ___ [17]

Si es así, en qué condiciones:

_____

c) Multa ___

d) La libertad condicional según la cual Jim debe asistir a terapia para controlar su

comportamiento violento.___

e) La libertad condicional con términos Jim asistir a la terapia de drogas. ___

f) Cárcel ___

g) Quiero imponer mi propia condena. Esta es:

_____

---

[16] Ver el Anexo B para consultar la definición de Libertad sin cargos.
[17] Ver el Anexo B para consultar la definición de Libertad condicional.

AUTO-EVALUACIÓN

Tiene la oportunidad de hacer una auto-evaluación después de leer las historietas dentro del apartado "El Mediator Omnipotente que toma las decisiones".
Indica la puntuación que crees merecer según:

   1) Identificación de los temas tratados en éste capítulo.___
   2) Sugerencias y comentarios que hayas hecho.   ___
   3) La persona que toma las decisiones.   ___

         TOTAL: ___

Puedes puntuarte desde la nota 0 (la más baja) a 5 (la más alta). Esto es un juego.
Recuerda que no hay respuestas correctas o incorrectas.

CAPÍTULO 5

CHICOS Y CHICAS ENCARCELADOS

CASO DE JOHNNY: ARTÍCULO EXTRAÍDO DEL PERIÓDICO NACIONAL

A las seis en punto, el personal del centro penitenciario de la prisión tomó el relevo y fue entonces cuando comenzó la desdicha de "Johnny". Varias horas más tarde, la alarma sonó y Johnny fue encontrado muerto en su celda. Había sido torturado y asesinado por otros reclusos. Lo que pasó fue horrible incluyendo drogas, sexo y abusos sexuales; Johnny fue violado por sus propios compañeros y desgraciadamente, todo aquello desencadenó en su ahorcamiento involuntario.

¿Cuantos asesinatos más y suicidios tienen que producirse en las cárceles para que los ciudadanos reconozcan que el sistema penitenciario de Torcia no funciona correctamente a la hora de proteger la seguridad de los ciudadanos de Torcia o aquellos a los que encarcela? ¿Está la sociedad cegada por el deseo de situar a Johnny y a los reclusos en una sociedad segregada, esperando que sean olvidados?

¿Quién era Johnny? ¿Tenía hijos? ¿Tenía hermanos? ¿Le hubiese pasado algo similar si no hubiese estado en prisión?

COMUNICADO DEL DIRECTOR DEL CENTRO PENINTENCIARIO

"Nuestro centro penitenciario hizo todo lo posible a pesar de disponer de recursos limitados y un exceso de reclusos".

El director del centro penitenciario no mostró ninguna disculpa y no solicitó ninguna investigación para averiguar cómo pudo producirse una tortura, violación colectiva y un asesinato tan horrible.

PREGUNTAS

1) ¿Deberíamos escuchar la historia de Johnny?

_____

_____

_____

2) ¿Qué deberíamos hacer al respecto?

_____

_____

_____

TRASLADO

La cárcel es un mundo totalmente distinto en el que viven reclusos que representan un peligro para la sociedad pero también para los reclusos que están en la cárcel. Víctor había llegado a formar parte de este mundo.

Víctor llegó a convertirse en un riesgo para la seguridad en la cárcel donde estaba recluso. Era sospechoso de ser el líder de un grupo en la cárcel que vendía estupefacientes dentro del centro penitenciario. Había sido acusado de intento de asesinato por agredir a uno de sus compañeros el cual no le había pagado por la cantidad de drogas que Víctor le había vendido. Fue acusado por agresión en dos ocasiones anteriormente cuando no le habían pagado el dinero por la droga en varias ocasiones. Como resultado, Víctor fue trasladado a unas instalaciones con más seguridad.

Se le notificó que sería trasladado a una cárcel varias millas lejos de allí y de la comunidad donde vivía. El nuevo hábitat de Víctor será una habitación pequeña en uno de los centros penitenciarios de alta seguridad en Torcia. Su habitación será de dos metros y medio por tres metros de celda de acero donde no puedes dañarte a ti mismo ni a otros. La celda contiene un cuarto de baño, una camilla y un escritorio. La comida le será servida a unas horas específicas del día y será entregada a través de una puerta que solo puede ser abierta desde el exterior de la celda. Se le permitirá salir a hacer una hora de ejercicio cada día. Podrá leer libros, escuchar música y ver las noticias en la televisión y la radio en la celda.

PREGUNTAS

1) ¿Hizo lo correcto el centro penitenciario trasladando a Víctor lejos de la cárcel donde era residente?

_____

_____

_____

2) ¿Hizo lo correcto el sistema penitenciario trasladando a Víctor lejos de la comunidad dónde él era residente?

_____

_____

_____

3) ¿Cuáles son tus propuestas para tratar el miedo que Víctor creó en la cárcel de la región donde era residente?

_____

_____

_____

EL JUEGO DE LA TRAMPA PARA CAZAR RATONES

George era un abogado que trabajaba con casos de reclusos. George recibió una llamada de un recluso en la cárcel comunicándole que el recluso quería concertar una cita con él. El recluso dijo que quería imponer cargos contra un guardia carcelario que lo había agredido a él y a otros reclusos. Dijo que había una foto que George necesitaba ver y que le contaría a George toda la historia cuando hiciera su visita a la cárcel.

Cuando George llegó a la cárcel para encontrarse con el recluso, el funcionario penitenciario que estaba de guardia dijo que extremara las precauciones en la sala de abogados y le mostró un collar de pánico que le sugirió que llevara puesto en el encuentro con el recluso. El guardia de seguridad remarcó que sería inteligente por su parte ponerse el collar de seguridad ya que el recluso puede que lo tomara como rehén. George no podía entenderlo porque ya había tenido encuentros con otros reclusos en otras ocasiones y nunca había tomado ninguna precaución especial. ¿Qué había cambiado?

El funcionario penitenciario prosiguió diciendo: "El Servicio Penitenciario precisa mostrarles lo que puede suceder cuando un abogado corre el riesgo de reunirse con estos criminales peligrosos. Ha estado reuniéndose con diversos reclusos que son impredecibles y peligrosos. Le sugiero que extreme las precauciones cuando entre en la sala de abogados. Hacemos esta recomendación por su propia seguridad". ¿Estaba el guardia advirtiendo a George de que algo iba a suceder?

George sabía que las conversaciones entre abogados y reclusos eran interceptadas por el funcionario penitenciario. El Servicio habría escuchado que había alegatos de que un guardia había agredido a los reclusos incluido un recluso que llamó a George. El Servicio había sabido que existía una foto que demostraba que había pruebas de la agresión, la cual tenía intención de entregársela a George.

George previó un posible titular en la prensa: "Un guardia en una prisión de seguridad máxima dispara a un recluso y a su abogado en un intento de evitar la toma de rehenes".

¿QUÉ SABEMOS DE LA TRAMPA PARA LA CAZA DE RATONES?

Sabemos que los ratones viven en las cárceles y que en general corretean por allí con plena libertad. Sabemos que a menudo, si un ratón campa con demasiada libertad o hace demasiado ruido, los guardias penitenciarios pararán la trampa para cazar ratones. Lo que no sabemos es si la ratonera es preparada también para cazar abogados.

PREGUNTAS

¿Era un collar de protección o una trampa?

_____

_____

_____

¿Por qué?

_____

_____

_____

OBEDECIENDO LAS NORMAS

Bryan era un chico atractivo de diecisiete años cuando ingresó en la cárcel. Hizo uso de su inteligencia para sobrevivir en la cárcel, pero sabía que su cuerpo era lo que más alía en el ámbito penitenciario. Los hombres en la cárcel querían tener relaciones sexuales y lo codiciaban. Después de ser violado por dos hombres, en el nivel más alto de la jerarquía de reclusos, Bryan sabía que necesitaba obtener protección ante este tipo de sucesos haciendo amistad o de manera más categórica, la mujer de otro en la cárcel. Ser el chico de alguien suponía tener los derechos uno sobre el otro y eso era respetado por los otros reclusos en la cárcel.

Bryan decidió buscar un recluso que le aportara protección, alguien con poder que estuviese durante un largo periodo de tiempo cumpliendo condena, alguien que sea respetado por los demás reclusos debido al tipo de crímenes que había cometido.

Bryan sabía que Simon había estado encarcelado por delitos de narcotráfico y que era uno de los elementos clave en el comercio de las drogas en la cárcel. Bryan consideró que Simon era un compañero decente y le sugirió ser "su chico". Simon no era un hombre atractivo, el acné había dejado su cara marcada y con cicatrices. También estaba por encima de su peso. Por otra parte, Bryan era delgado y estaba en forma ya que hacía deporte regularmente en el gimnasio de la cárcel.

Simon estaba encantado de saber que Bryan quería ser su chico. Simon no le pidió demasiadas cosas a Bryan excepto sexo con regularidad, pero sin excentricidades sexuales. Simon también le pidió su fidelidad.

Simon quería que Bryan dedicara su tiempo para ayudarle con el asunto de las drogas que Simon llevaba a la cárcel y éste también le pidió a Bryan que robara fruta y verduras de la cocina, donde Bryan estaba trabajando, para que pudieran hacer "Hooch", una bebida alcohólica casera que les gustaba a ambos.

Sus vidas continuaron adelante sin inconvenientes, hasta que la jerarquía de los reclusos en la cárcel cambió por completo. Bryan y Simon eran presos de máxima seguridad. La cárcel fue reorganizada en dos secciones, una de seguridad máxima y otra de seguridad media. Esto llegó a ser un problema para Simon y Bryan porque los nuevos reclusos de la sección de seguridad media desconocían el código y las reglas de la jerarquía de reclusos que cumplían cadena perpetua y los reclusos en la sección de máxima seguridad.

El problema se hizo evidente cuando un nuevo recluso de la seguridad media, Mel, decidió conseguir a Bryan. Otros reclusos le dijeron con discreción que se alejara de Bryan porque Bryan era el chico de Simon. Mel no les hizo caso y siguió con su objetivo. La situación empeoró aún más porque Bryan y Mel trabajaban ambos en la cocina donde estaban a menudo en contacto.

Las noticias de Mel en su intento de quedarse con Bryan se supieron con rapidez. Cuando Simon escuchó los rumores, movió hilos para que otros reclusos averiguaran si Bryan le estaba siguiendo el juego. Mel era un hombre atractivo y de edad similar a la de Bryan, mucho más joven que Simon. Se le informó que Mel era el que lo buscaba y que no le dejaba en paz. Como resultado, Simon decidió darle un aviso a Mel.

Después de trabajar esta tarde, Mel volvió a su celda y cuando abrió la puerta de su celda se encontró con los testículos de un becerro en un plato encima de su cama. Al lado de la carne había una nota: "Será mejor que te mantengas alejado de la cocina". Mel no prestó atención al mensaje y continuó su trabajo en la cocina y su objetivo de ligárselo.

El siguiente mensaje no fue tan sutil. Cuando Mel estaba llegando al gimnasio, se acercaron hacia él un grupo de reclusos y escoltaron hasta un rincón del patio. Allí, le dieron una lección particular de Karate a Mel, lo cual lo dejó cojo una semana. Los instructores de karate le dijeron que a menos que quisiera cantar soprano, más le valía que se alejara de la cocina y dejara a Bryan en paz.

Al día siguiente, Mel solicitó un cambio de su trabajo y le fue concedido un nuevo trabajo en la herrería. Los guardias y las autoridades penitenciarias a menudo hacen la vista gorda ante sucesos sexuales que ocurren en las cárceles para mantener la paz dentro de los muros de la cárcel. Sin embargo, la cárcel es una comunidad en la que hay normas que prevalecen dentro de esa comunidad. Mel tenía que aprender la importancia de obedecer las normas.

PREGUNTAS

1) ¿Era el código de la cárcel seguido por los reclusos sentenciados a cadena perpetua en la cárcel de máxima seguridad descrita en esta historia justificado?

Sí ___ No ___

¿Por qué?

_____
_____
_____

2) ¿Debería la cárcel presentar cargos contra Simon por planificar el asalto a Mel?

Sí ___ No ___

¿Por qué?

_____
_____
_____

3) ¿Debería la cárcel haber presentado cargos disciplinarios internos contra "los instructores de karate" por agredir a Mel?

Sí ___ No ___

¿Por qué?

_____
_____
_____

4) ¿Debería Mel haber contactado con la policía para presentar cargos contra "los instructores de karate" por la agresión?

Sí ___ No ___

¿Por qué?

EL LADO MISTERIOSO DE LA CÁRCEL

Yo tenía seis años cuando vi una cárcel por primera vez. Esa cárcel estaba constituida por un conjunto de edificios fuera de la carretera principal. Los edificios, los cuales estaban apartados de la carretera, me intrigaron y tenían una puerta imponente flanqueada por una hilera de robles. Una gran torre de agua verde hacía posible que los edificios pudieran verse en la distancia.

Cuando estábamos pasando fuera de los edificios, le pregunté a mi padre qué eran esos edificios. El dijo que era una cárcel, un lugar para los "chicos malos". Dijo que no podíamos detenernos porque no era un lugar adecuado y agradable para los niños pequeños y buenos como yo. Yo estaba disgustado porque no quería considerarme uno de los chicos buenos. Yo quería pasármelo bien. Quería descubrir quienes eran los "chicos malos" y por que razón vivían allí.

Dirigía mi vista hacia la cárcel cada vez que pasábamos por allí cerca. Era un lugar fascinante y misterioso que estaba presente en mis pensamientos. Me daban miedo los chicos malos aún sin ni siquiera saber nada sobre ellos. Seguía pensando en las cosas malas que habrían hecho para ser enviados a la cárcel. Imaginé los atracos, robos y agresiones que los chicos malos habrían cometido. La intriga se apoderaba de mí y creaba mis propias historias de crímenes en mi imaginación pensando en posibles delitos que los criminales habrían cometido.

Cuando pasábamos cerca de la cárcel buscaba si había señales de vida y también los chicos malos. La cárcel permanecía en silencio y no había ni rastro de los chicos malos. Estaba seguro de que estaban allí porque papá dijo que estaban allí.

No fue hasta que era un adulto cuando regresé a ésta cárcel. De hecho, no tuve elección, no pude elegir a qué cárcel sería encarcelado. La cárcel era una institución de seguridad media que alojaba criminales en custodia protectora, hombres que habían cometido crímenes innombrables.

Se nos conoce como "los chicos malos" por el sistema penitenciario, por los compañeros reclusos y por la sociedad.

Probablemente querrás saber que fue lo que hice para ser uno de esos "chicos malos". Soy un hombre de mediana edad, tengo cuarenta y cinco años y ya empiezo a estar calvo. Llevo gafas y tengo algo de barriga por beber demasiada cerveza. Soy director de banco y trabajo para un banco nacional de Jervis.

Fui acusado de haber agredido sexualmente a un joven en el parque, un lugar que solía frecuentar. El chico estaba muy bien dotado; de aquí mi sorpresa cuando me dijeron que el chico tenía solo catorce años.

Al otro lado de la calle cerca del parque, había carne fresca de chicas jóvenes en minifalda. Había probado eso antes pero no es lo que me apetece.

No es lo que satisface mis deseos. Quería esos cuerpos esculpidos como en las estatuas de soldados jóvenes en el parque.

Mi niño encantador llevaba un uniforme de soldado y botas del ejército. Para mí, eso era una invitación a una aventura excitante por una noche. No me pidió dinero, pero lo tenía preparado y éste no lo rechazó.

No sabía que había espectadores esa noche. La policía habría estado esperando a que diese un paseo por el parque para tomar unas fotografías de las estatuas y de los árboles antes de que viera el chico joven al que me acerqué. Vi una película de mí mismo tomando fotos, mirando las estatuas de los soldados y vi los detalles de mi conquista. Con esas pruebas era difícil negar lo evidente. Esa es la razón por la que ahora soy uno de los "chicos malos".

Mi familia desconoce mis inclinaciones sexuales y mis deseos de tener relaciones sexuales con chicos jóvenes. El psiquiátrico informó al Tribunal de que yo era un pedófilo. Esa palabra hizo estremecerme. No creo que sea un pedófilo porque me gusta estar con hombres y mujeres también, aunque no me gustan tanto.

Hubiese tenido que llevar conmigo al chico joven a un hotel, pero mi deseo de poseerlo era demasiado intenso. Le policía nos encontró juntos justo detrás de una estatua de un soldado joven, donde mi chico encantador estaba satisfaciéndome. La policía no miró a otro lado. Lo cargos en mi contra fueron exhaustivos: delito de exhibicionismo sexual, incluyendo violaciones sexuales con un menor de edad e instigador de la prostitución.

La policía llamó a mi mujer. Ella vino a la comisaría de policía. Creo que estaba muy sorprendida de que yo estuviera allí, sin saber lo que había hecho. Mi mujer permanecía en silencio y actuaba de manera reservada, pero pude notar sus ojos fríos juzgándome por no ser digno de ser su esposo. No sabía qué decirle. Todo lo que se me ocurrió fue: "Lo siento".

Mi mujer les dirá a los niños que estoy trabajando fuera de la ciudad. En algún momento, sabrán la verdad, pero no ahora; son demasiado jóvenes. Tomé una licencia temporal en mi trabajo y poco después fui arrestado. Soy consciente de que los delitos criminales de este calibre me impide volver a ejercer mi profesión como director de banco. Existen normas muy estrictas en mi profesión ya que no se aceptan trabajadores con historiales criminales. Ese problema, sin embargo, no era lo que estaba en mi mente en ese momento. Lo que realmente me preocupaba era mi propia seguridad.

Lo más importante para mi era que me había sido concedida la custodia protectora. No quería que otros reclusos me mataran cuando se enteraran de que no era un traficante de estupefacientes que vendía droga a chavales en el parque. Eso es lo que les conté a los reclusos en el centro donde había sido enviado antes de ser juzgado. Ahora he sido enjuiciado y condenado. El Tribunal dictaminó una sentencia de diez años por los delitos cometidos.

El destino de mi encarcelamiento ha sido asignado. Volveré a la cárcel situada al final de la carretera, la cual solía ver siendo solo un niño cuando pasaba con mi padre por ese mismo lugar. Actualmente, he sido clasificado como un pedófilo por profesionales sanitarios.

Ahora pueden darme la bienvenida a la cárcel de "los chicos malos". Estaré cerca de gente como yo.

Ya he descubierto que son "los chicos malos" y lo que hacen. Ahora este es mi hogar.

PREGUNTAS

1) ¿Fue la sentencia de diez años el único castigo impuesto al delincuente?

Sí ___ No ___

De lo contrario, ¿Qué otro castigo recibió él?

_____
_____
_____

2) ¿Qué condena impondría usted?

_____
_____
_____

3) ¿Fue justificada la solicitud para recibir la custodia de protección por parte del

delincuente?

Sí ___ No ___

¿Por qué?

_____
_____
_____

CÁRCELES DE TORCIA

1) Después de leer este capítulo, ¿Qué problemas deben ser abordados en las cárceles de Torcia?[18]

_____
_____
_____

2) ¿Cuáles son sus sugerencias para hacer frente a estos problemas?

_____
_____
_____

3) En su opinión, ¿Existirá siempre la necesidad de disponer las cárceles en Torcia?

Sí ___ No ___

¿Por qué?

_____
_____
_____

---

[18] Ver la historia de María en el capítulo 6.

AUTO-EVALUACIÓN

Tiene la oportunidad de hacer una auto-evaluación después de leer las historietas dentro del apartado "Chicos y Chicas Encarcelados".

Indica la puntuación que crees merecer según:

1) Identificación de los temas tratados en éste capítulo.____
2) Sugerencias y comentarios que hayas hecho.   ____
3) La persona que toma las decisiones.   ____

TOTAL: ____

Puedes puntuarte desde la nota 0 (la más baja) a 5 (la más alta). Esto es un juego. Recuerda que no hay respuestas correctas o incorrectas.

CAPÍTULO 6

GUERRA CONTRA EL NARCOTRÁFICO

HISTORIA DE MARY

Mary está cumpliendo siete años de condena en la cárcel de Deerfoot ya que fue acusada de ser la encargada de una red de prostitución en Jervis. En la cárcel de Deerfoot, Mary se vio implicada en una guerra de narcotráfico y fue acusada por agredir a otra reclusa, Betty, una pieza clave en la entrega de la droga dentro en la cárcel de Deerfoot.

Mary proviene de una familia de Mexia y vive en una vivienda de protección oficial en Jervis. Mary tiene siete hermanos, tres de ellos, están en la cárcel por robos y atracos. Dos hermanos y sus respectivas familias viven y trabajan en la ciudad de Jervis y sus dos hermanas están casadas y viven en ciudades diferentes. Ella ha mantenido el contacto con sus padres en la casa de protección oficial pero solo esporádicamente con sus hermanos.

Mary fue agredida sexualmente por su tío y por su hermano mayor cuando era solo una niña. Nunca les habló a sus padres de esos incidentes.

Mary dejó la escuela a los trece años y empezó a buscar trabajo. Le facilitaron el nombre de una escuela de belleza en Jervis, que resultó estar delante de los servicios de prostitución. Ella ofreció sus servicios a los clientes de la escuela de belleza durante cinco años y utilizó su dinero para ayudar en casa económicamente. Sus padres no le preguntaron donde trabajaba o que tipo de trabajo tenía. Mary creía que ellos sabían que tipo de trabajo estaba ejerciendo pero suponía que no querían hablar de ello.

Al igual que otras chicas jóvenes en la ciudad provenientes de Mexia, Mary pensó que la manera más fácil de ganar dinero era ejercer de prostituta.

Después de haberse convertido en una prostituta, Mary consumía drogas en un intento de escapar y de liberar su mente de su cuerpo. Desafortunadamente, debido al consumo frecuente de las drogas, se convirtió en una adicción y necesitaba tomar drogas de manera regular y abrir un nuevo negocio por su cuenta.

Mary decidió dejar la asociación de la escuela de belleza y abrir un nuevo negocio por su cuenta abriendo una red de prostitución en el vecindario en Jervis. Fue la encargada de la gestión de este negocio durante varios años antes de que fuera arrestada y acusada con cargos que la llevaron a la cárcel de Deerfoot.

En la cárcel de Deerfoot, Mary empezó a tomarse lo de las drogas como algo personal, pero debido a su perfil de reclusa mexiana y a la competencia que había entre los diferentes grupos en la cárcel para controlar el negocio de la droga, Mary llegó a verse implicada en el intento de controlar todo el tráfico del narcotráfico de entre las reclusas mexianas.

En medio de una pelea en la cárcel, Betty fue acuchillada en el pecho. La herida era superficial. La cárcel se puso en contacto con la policía y tras su investigación, acusaron a Mary por agresión a mano armada.

Tras deliberaciones con el abogado, Mary se declaró culpable del delito de agresión a mano armada.

La única pregunta que le es formulada como la autoridad que dicta la sentencia, es el tiempo de la condena de privación de libertad que le debe ser impuesta a Mary por la agresión a mano armada. La pena máxima por éste delito es de veinte años a la cárcel. No hay un mínimo de tiempo de condena establecido.

INFORMACIÓN PRESENTADA POR EL ABOGADO DE TORCIA

Debería imponerse una pena de cárcel de cinco años por los daños causados a Betty. Mary agredió a Betty con un arma blanca e intentó causarle años físicos. Su condena debe sancionar lo anteriormente citado.

INFORMACIÓN PRESENTADA POR DEL ABOGADO DE MARY

Se aduce que este delito de agresión ocurrió como resultado del día a día en un centro penitenciario y una guerra de narcotraficantes en la que Mary se había visto implicada. Dos grupos dentro de la cárcel de Deerfoot querían tomar el control del negocio del narcotráfico. Mary era una representante del grupo de los mexianos y fue la elegida para enfrentarse a Betty, la líder del grupo que les estaban haciendo la competencia. Mary no tuvo elección y le tocó asumir la responsabilidad de liderar el grupo de los mexianos del cual formaba parte debido a su índole racial y cultural.

Mary no tiene muchos estudios, ya que dejó de ir a la escuela cuando tenía solo trece años. Sin embargo, tenía un talento considerable para la pintura. Mary pinta cuadros de símbolos antiguos y de leyendas ancestrales de la gente de Mexia. Antes de su encarcelación, Mary había contactado con las galerías de Jervis y la ciudad vecina de Reda. Le habían ofrecido la oportunidad de exhibir sus obras en las galerías pero debido a su arresto y encarcelación no pudo alcanzar esa gran oportunidad.

Mi alegato es el siguiente: Debería imponerse una condena que considere que existe una oportunidad para Mary en el mundo del arte cuando salga de la cárcel. A diferencia de muchos otros, Mary tiene un don que puede apartarla por completo del mundo delictivo en el que vivía. Mary reconoce que debe recibir ayuda para tratar su adicción a las drogas. Ella afirma que está preparada para acabar con su adicción mediante el proceso de desintoxicación.

Se aduce que una condena apropiada oscilaría alrededor de dos años de la cárcel junto con una recomendación del Tribunal sosteniendo que Mary asistía al programa de desintoxicación proporcionado por el centro penitenciario en el período de esos dos años. Se sostiene que esta condena reconoce la gravedad del delito cometido por la acusada pero también reconoce las circunstancias del culpable del delito.

PREGUNTAS

1) ¿Qué condena se le impone a María?

     a) La sentencia recomendada por el abogado del Estado de Torcia: cinco años de cárcel.

     Sí___No ___

     b) La sentencia recomendada por el abogado de María es la siguiente: Una condena de dos años de cárcel, asistiendo a terapia de drogas durante un período de dos años.

     Sí___ No___

     c) ¿Cree que el encarcelamiento es la mejor manera de hacer frente a este delito?

     Sí___ No___

d) Quiero imponer mi propia sentencia. Esta es:

_____
_____
_____

PETRA Y EL SEÑOR WOLF

Petra conoció al Sr. Wolf en su puesto de trabajo. Wolf habló con ella para decirle que estaba buscando a una persona de confianza para ayudarle como representante de ventas en su negocio, Celebrity Shoes, una empresa que vendía zapatos de diseño. El empresario le dijo a Petra que en su trabajo debería comprar y traer los últimos modelos de zapatos del país vecino de Torcia, Geliva, bajo un acuerdo comercial entre los dos países. El señor Wolf le dijo a Petra que la empresa Celebrity Shoes podía permitirse comprar los zapatos de último modelo a buen precio en Geliva y taerlos a Reda para después venderlos. Wolf le dijo que el trabajo requeriría viajar hasta la ciudad de San Miguel en Geliva para entregar el dinero, hacerse con los zapatos de último diseño y traérselos de vuelta para venderlos en Celebrity Shoes.

Petra es una madre soltera y tuvo un bebe cuando tenía diecisiete años. Su novio la abandonó después de que naciera el bebé y nunca le proporcionó ayuda económica para Petra ni tampoco para el bebé. Petra tenía ahora veintiun años y había tenido varios trabajos con tal de subsistir y criar a su bebé.

Wolf le dijo a Petra que era importante para su negocio que él estuviese al corriente de los últimos diseños con más tendencia en Geliva. Él dijo que Petra sería una buena representante de ventas para la empresa debido a su juventud y a su don de gentes. Petra pensó que esto era una gran oportunidad; no obstante, le sorprendia la oferta que Wolf le propuso ya que solo la habia visto dos veces en el bar donde ella trabajaba.

Petra aceptó el trabajo y hizo varios viajes a San Miguel. Wolf pagó a petra los gastos del viaje y envió el dinero de la compra a los contactos de Wolf para que ella pudiera comprar los diseños más nuevos y traerlos a la empresa de Wolf, Celebrity Shoes. Wolf le dio dinero para para pagar por la estancia en hoteles y para cubrir sus gastos. Tambien le pagó un buen sueldo.

Todo iba bien hasta que Wolf decidió cambiar las condiciones laborales de Petra. A pesar de que Wolf siguió pagando todos los gastos de los viajes, éste le comunicó que las cajas de zapatos no contendrían tan solo zapatos, sinó también paquetes de cocaína. Wolf le dijo a Petra que le doblaría el sueldo si aceptaba traer los zapatos a Reda como se le había indicado.

Wolf le dijo que el dinero adicional les ayudaría a ella y a su hija Joli a llevar un mejor estilo de vida. Petra necesitó contratar a una canguro para que cuidara de Joli cuando ella hacía los viajes a San Miguel y el dinero adicional le suponía una buena ayuda.

Petra no quería perder su trabajo en Celebrity Shoes porque era la primera vez había podido ganar un sueldo digno para poder vivir de manera comfortable y darle un estilo acomodado a su hija. Petra decidió seguir con las nuevas condiciones de trabajo, aunque sabía el riesgo que corría si la descubrían.

Wolf le explicó que no todas las cajas de zapatos que traía contenían heroína porque sobretodo quería asegurarse de que Celebrity Shoes fuese una compañía de caché. Wolf le dijo también que los diseños de Gelivian contendrían compartimentos en las suelas para poder colocar heroina en su interior camuflada.

Petra siguió ejerciendo el trabajo no tan solo por los ingresos que le proporcionaba sino tambien porque ese trabajo le permitía pasar más tiempo con Joli. Petra era consciente de que otro trabajo a jornada completa no le permitiría pasar tanto tiempo con su hija. Cuando Petra estaba en casa, pasaba tiempo jugando con su hija por las tardes, cantando canciones y leyéndole cuentos. Juli acababa de cumplir cuatro años y su cuento favorito era el de la Caperucita Roja. Joli prestaba especial atención al lobo que aparecía en este cuento y le preguntaba a su madre si su jefe Wolf era un lobo malo como el del cuento o si era un lobo bueno. Petra le dijo a Joli que su jefe era un lobo bueno porque le permitía tener un buen trabajo para así poder cuidar de las dos y hacerle regalos bonitos a su niña.

El negocio de zapatos y las entregas continuaron sucediéndose sin ningun problema durante dos años. Petra sostiene que el día que Joli iba a cumplir los seis años, tubo lugar una entrega desde San Miguel muy importante. A Petra le fue asignada la tarea de ir a recoger unos paquetes de zapatos llamados "los zapatos Rudolph", los cuales habian sido diseñados y elaborados por diseñadores de Geliva para las compras de Navidad. Wolf le dijo que la heroína llegaría a Reda en ese envío y que sería empaquetado en un compartimento secreto en los zapatos de Rudolf.

Por desgracia, las cosas no marcharon tan bien cuando Petra llegó al aeropuerto aduanero. Un oficial de aduanas le indicó que tenía que inspeccionar su equipaje y los zapatos. Petra llevaba sus paquetes en el equipaje, donde tenía también guardado un regalo que le había comprado a Joli, una muñeca del cuento de la Caperucita Roja y los zapatos de Rudolph.

Por suerte para Petra, los oficiales de aduanas no detectaron la heroína almacenada en los compartimentos secretos de los zapatos. No obstante, el perro policial reaccionó al olor de la heroína que se encontraba en la muñeca. La reacción del perro provocó que los oficiales desgarraran la muñeca para comprobar si ésta contenía droga. Aun así, no encontró ni rastro de drogas dentro de la muñeca.

Los oficiales de aduana comprobaron la identidad de Petra en su pasaporte para comprobar que todo estuviese en orden y le solicitaron que les facilitara su actual domicilio. Ella recuperó lo que quedaba de la muñeca pero Petra pasó por la aduaa. Ella sabía que aunque fuera capaz de escaquearse esa vez en los controles aduaneros, tendría problemas igualmente al llegar a Reda. Petra era consciente de que tenía que contarle a Wolf lo que había pasado cuando le hiciera llegar los paquetes de zapatos y droga al día siguiente.

Debido al tiempo que pasó mientras le inspeccionaban los zapatos y el equipaje, Petra perdió el vuelo y tuvo que volver en un vuelo a media noche. El retraso le impidió volver a casa para la fiesta de cumpleaños de Joli. Además, tampoco tenía regalo para Joli porque los oficiales de aduanas habían confiscado la muñeca de la Caperucita Roja. Por desgracia, Petra llegó a casa tarde y con las manos vacías.

Cuando Petra llegó a Celebrity Shoes al día siguiente, le contó todo lo ocurrido a Wolf. La conclusión a la que llegó Wolf fue que lo que pasó fue debido a la reacción del perro. Fue entonces cuando le comunicó que no haría más viajes a San Miguel.Wolf le explicó que tras el incidente ocurrido en la aduana, sería sospechosa por posesión de drogas y no quería correr más riesgos transportando la droga a Reda. Wolf le dijo que le pagaría por el trabajo que había hecho pero que no le sería posible tener contacto con él o con la empresa Celebrity Shoes.

Petra estaba en estado de shock por lo que había sucedido y de como su vida había cambiado radicalmente tan rápido. Se encontraba otra vez, sin trabajo.

Tres semanas despues, dos oficiales de policia llegaron a la puerta de su casa. Por suerte, Joli estaba en la guardería. Tras preguntarle si era Petra Bevan, la policía la arrestó por varios cargos por traficar heroína. Fue llevada a comisaría, donde le hicieron más preguntas acerca de su trabajao como representante de ventas en Celebrity Shoes.

Ella consideró no proporcionar más información a la policía y les comunicó que no tenía nada más que decir. No quería que Wolf pensara que era una traidora que proporcionaba información a la policía.

Tras ser acusada, Petra contactó con un abogado del Estado de Ayuda de Torcia. Tras dos encuentros, éste le comunicó algo impactante. Al parecer, Wolf era un agente encubierto que formaba parte de la unidad de investigación antidroga de Reda. El abogado le explicó a Reda que las investigaciones apuntaban a que agentes encubiertos a menudo se encontraban implicados en tráfico de drogas.

Torcia había promulgado legislación para que en caso de existir una conducta ilegal (tal como aprisionamiento o trampas puestas por la policía) sería justificada como parte de una operación de control. El abogado dijo que las invenstigaciones de la policía referentes al tráfico de drogas, indicaban que a menudo se encontraban casos en los que oficiales encubiertos estaban involucrados de un modo u otro en algun delito por tráfico de drogas. Al parecer, Wolf tenía la función de impedir que ciudadanos de Torcia importaran drogas desde Geliva. Aparentemente, Geliva se había convertido en la tierra prometida del tráfico de drogas, así como muchas ciudades en Torcia.

El abogado le dijo que no había motivo de encarcelamiento por delitos de narcotráfico en Torcia, por lo que no sería necesario luchar por conseguir su libertad por dicho cargo. El abogado le recomendó a Petra que se declarara culpable con la intención de recibir una condena menos grave.

Petra descubrió que el equipo de investigación tenía fotos en las que aparecía pasando por la aduana en diferentes ocasiones y que Wolf había tomado fotos de ella entregando los zapatos que contenían heroína en cada ocasión, incluyendo el último viaje en el que ella le entregó los zapatos Rudolph. Cada foto mostraba los zapatos, los compartimentos secretos, así también como la heroína que él mismo le había proporcionado en cada ocasión.

Petra se declaró culpable por los diez delitos de importar heroína. El Tribunal no ha decidido todavía la condena puesto que está a la espera de que dicte sentencia condenatoria el abogado de Petra y el del Estado de Torcia.

PREGUNTAS

1) ¿Era el Sr. Wolf un lobo bueno o un lobo malo?

        Lobo bueno ___

        Lobo malo ___

2) ¿Existe alguna moraleja que podamos deducir de esta historia?

_____
_____
_____

EL COSTE DE LOS NEGOCIOS

La brigada especial de policía la ciudad de Jervis arrestó a un hombre de veintidós años, posible sospechoso acusado por tráfico de drogas en la zona de Bowna. El joven hombre fue detenido por la policía por casualidad cuando la policía estaba atendiendo una llamada de socorro por asalto. La policía encontró seiscientos gramos de cannabis, básculas para pesar las cantidades y una notable cantidad de dinero en efectivo. El sospechoso admitió que las drogas fueran suyas, pero afirmó que eran para uso personal.

El hombre joven había estado arrestado tres meses antes por posesión de trescientos gramos de hachís. Cuando se presentó ante el Tribunal en esa ocasión, se había declarado culpable y le fue concedida la libertad condicional. Las condiciones incluían un buen comportamiento y asistir a terapia y asesoramiento sobre drogas.

El hombre joven decidió declararse culpable por el incumplimiento de mantener el orden y una buena conducta. Los antecedentes penales muestran que estuvo inscrito en un curso de asesoramiento de drogas y que había asistido a todas las reuniones acordadas en su condena.

Se declaró inocente por el reciente cargo de posesión de drogas y narcotráfico de estupefacientes ante los seiscientos gramos de cánnabis encontrados por la policía en su casa. El Tribunal estableció una fecha de juicio para resolver el caso en otra ocasión. Las personas son inocentes hasta que se demuestre lo contario. De ese modo, sería acusado de narcotráfico.

Se le pide que proporcione un informe de recomendación haciendo referencia a los principios de determinación de la condena para ser aplicado al caso tratado.

El joven hombre no contaba con ninguna representación legal. Afirma que quiere abordar y gestionar este caso por sus propios medios. Declara que la posesión de hachís por la cual ha sido acusado hace tres meses, era para su consumo personal. Declara que no tenía antecedentes penales por narcotráfico anteriores a este caso.

El abogado del Estado de Torcia aclara que a pesar de no tener antecedentes por narcotráfico, tenía antecedentes penales por un robo superior a $1000 dos años antes. En ese entonces, le había sido concedida la libertad condicional con la condición de devolver el dinero a la víctima, así como también, ofrecer cincuenta horas de servicio a la comunidad. Los informes del Tribunal determinan que la condena fue cumplida debidamente.

Se le pide que proporcione un informe de recomendación así como los propósitos que según usted debería de formular y conseguir como respuesta a las actuaciones recientes del acusado.

PREGUNTAS

1) ¿Qué objetivos considera que se pretende promover con dicha sentencia?[19]

Añada una marca de verificación al lado de la sentencia que elija.

a) La disuasión general ___

b) La disuasión específica ___

c) La rehabilitación ___

d) La venganza ___

e) La justicia restaurativa ___

  ¿Por qué?

_____
_____
_____

_____

[19] Ver el Anexo A.

EL JUEGO DE LA POSESIÓN

En estos informes, se le dará la oportunidad de tratar casos legales referentes al narcotráfico establecidas en las leyes acerca del narcotráfico en Torcia.[20] Usted interpretará las palabras detalladas en el apartado. Los casos parecen similares entre si, sin embargo, tras un análisis más detallado podrá comprobar que los casos son diferentes.

CASO 1 – AMIGO AFORTUNADO (AA)

La cuestión principal en este caso, es si AA, el arrendatario de la casa, el cual fue acusado por posesión de marihuana por traficar y producir una substancia controlada, tenía el suficiente conocimiento y control.

AA era el arrendatario de una casa donde la policía había encontrado doscientos gramos de marihuana y cincuenta plantas de maría cultivadas en un garaje situado al lado de la casa. También encontraron veinte plantas en una habitación de la casa y dos bolsas de marihuana en una segunda habitación de la casa junto a unas básculas y un libro sobre como cultivarla.

En este caso, AA no admitió tener ninguna relación directa con la plantación (tal como el riego o el mantenimiento de las plantas).

---

[20] Se requiere que consulte las leyes ilustradas en el Anexo B.

AA fue absuelto por el Tribunal por los siguientes motivos:

- La plantación fue llevada a cabo en un garaje separado de la propiedad y no había pruebas que demostraran que AA tenía acceso a la llave que abriera dicho garaje.

- No había pruebas que certifiquen que el AA tuviese acceso al dormitorio donde fue encontrada la mayor parte de la marihuana, ni tampoco en el segundo dormitorio donde había dos bolsas de marihuana, unas básculas y un libro sobre como cultivar marihuana.

El Tribunal declaró que el jurado no había encontrado pruebas que probaran conocimiento alguno o control por parte del arrendatario sobre el que recaía una sospecha razonable. Por consiguiente, AA fue absuelto.

El Tribunal no estuvo conforme con la sospecha que recaía sobre AA. Se determinó que el hecho de que hubiera una plantación de marihuana, básculas y un libro sobre cómo cultivarla, no son deducciones que prueben que el arrendatario tenía conocimiento acerca de ello o algún tipo de control sobre ello. También se señaló que no había pruebas que demostraran que AA fuese autorizado para tener acceso a la plantación utilizando algún tipo de llave. Tampoco se encontraron pruebas que determinaran que dicho sujeto tuviera algún tipo de responsabilidad en el cultivo de la plantación.

El Tribunal afirmó que esclarecer el asunto de la gestión y del control de la plantación era incluso una cuestión más problemática. No hubo indicios de que AA tuviera el control de la plantación. En el caso de que AA fuese conocedor de la presencia de marihuana, la gestión de la misma por su parte tenía que ser probada para tener indicios que apuntaran a alguna

sospecha razonable y lo anteriormente citado no sucedió.

PREGUNTAS

1) ¿Crees que fue la absolución justificada?

Si ___ No ___

2) ¿Si hubieses declarado culpable a AA, qué condena le habrías impuesto?

Añada una marca de verificación al lado de la sentencia que elija.

a) Libertad sin cargos ___ [21]

b) Libertad condicional ___ [22]

En el caso de que la libertad condicional fuese su decisión cuando dicte la sentencia, ¿qué condiciones impondría?

_____

_____

_____

c) Multa ___

d) Libertad condicional recibiendo asesoramiento como consumidor de drogas ___

e) Cárcel ___

Quiero dictar mi propia sentencia. Esta es:

_____

_____

_____

---

[21] Ver el Anexo B para consultar la definición de Libertad sin cargos.
[22] Ver el Anexo B para consultar la definición de Libertad condicional.

CASO 2 – EL AMIGO DESDICHADO (AD)

El AD estaba viviendo en una casa donde fueron halladas 191 plantas cultivadas en el sótano. AD fue acusado de posesión de marihuana con la finalidad de narcotráfico. El Tribunal buscó indicios que probaran algún tipo de gestión, conocimiento o control por parte del individuo en cuestión.

El Tribunal dijo que los siguientes hechos indicaban que estaba involucrado de un modo u otro en la gestión:

AD tenía acceso a la residencia.

No existía ninguna cerradura en la puerta.

DA habitaba en la casa y sus muebles estaban también presentes.

Documentos y un vehículo fueron encontrados en la residencia perteneciente a AD.

Las plantas de marihuana situadas en el sótano debían de ser regadas todos los días o de manera regular.

El Tribunal declaró que los siguientes indicios apuntaban a que el sujeto en cuestión era conocedor de lo que sucedía en ese lugar:

1) Fuerte olor a marihuana por toda la casa;
2) Un póster de marihuana en la cocina en la que AD cocinaba;
3) Un brote de marihuana en el cuarto de baño.

AD fue condenado por posesión de marihuana con la finalidad de narcotráfico y fue condenado a dieciocho meses de prisión.

PREGUNTAS

1) ¿En caso de no estar de acuerdo con la sentencia impuesta a DA por el Tribunal, que condena hubiese impuesto?

Añada una marca de verificación al lado de la sentencia que elija.

a) Libertad sin cargos ___[23]

b) Libertad condicional ___[24]

En el caso de que eligiese la libertad condicional al dictar la sentencia, ¿qué condiciones impondría?

_____
_____
_____

c) Multa ___

d) Libertad condicional recibiendo asesoramiento como consumidor de drogas ___

e) Cárcel ___

f) Quiero imponer mi propia sentencia. Esta es:

_____
_____
_____

---

[23] Ver el Anexo B para consultar la definición de Libertad sin cargos.
[24] Ver el Anexo B para consultar la definición de Libertad condicional.

SU RESPUESTA A LA GUERRA CONTRA LAS DROGAS

1) ¿Cómo debe el sistema de Justicia responder a delitos de narcotráfico?

Añada una marca de verificación al lado de la sentencia que elija.

   a) Cursos de formación y asesoramiento para delincuentes ___

   b) Encarcelamiento de los delincuentes ___

   c) Mediante multas ___

   d) Mediante información instructiva proporcionada a los ciudadanos de Torcia? ___

2) ¿Usted cree que los delitos de drogas son:

   a) Un negocio ___

   b) Un delito ___

   c) Un negocio y un delito ___

3) ¿Proporcionan estos casos información nueva a cerca de los delitos de narcotráfico?

Si ___ No ___

En tal caso, ¿Qué información incluiría?

_____
_____
_____

AUTO-EVALUACIÓN

Tiene la oportunidad de hacer una auto-evaluación después de leer las historietas dentro del apartado "Guerra Contra Los Drogues".

Indica la puntuación que crees merecer según:

1) Identificación de los temas tratados en éste capítulo.___
2) Sugerencias y comentarios que hayas hecho.   ___
3) La persona que toma las decisiones.   ___

      TOTAL: ___

Puedes puntuarte desde la nota 0 (la más baja) a 5 (la más alta). Esto es un juego. Recuerda que no hay respuestas correctas o incorrectas.

CAPÍTULO 7

ABUSO DE CONFIANZA

HOGAR DULCE HOGAR

Mi nombre es Ben Husse. Tengo sesenta y cinco años y me he jubilado recientemente. Antes de jubilarme, tenía mi propio negocio, Hussencraft Inc. Pasé muchos años trabajando como carpintero elaborando muebles artesanales para residencias de ancianos. Aprendí de artesanía gracias a los artesanos de mi país, Balicia, un país que puede presumir de elaborar el más fino arte reflejado en el mueble.

Antes de llegar a Torcia, había completado mi servicio militar obligatorio durante tres años en Balicia. El conflicto civil en Balicia está sucediéndose desde hace décadas y me sentía afortunado por poder instalarme en Torcia, un país joven, conocido por su integridad y unidad. Un lugar donde reina la paz.

Ahora que estoy jubilado, puedo pasar mucho tiempo libre en casa. Puedo dormir tantas horas como quiera porque no tengo la necesidad de levantarme de la cama temprano. Estoy solo en la casa. Mi mujer y yo nos separamos. Ella vive en la casa de nuestra hija en un apartamento que construyeron para ella, donde cuida nuestros tres nietos. Tengo contacto con mis dos nietas y mi nieto en Navidad y en sus cumpleaños.

Un día a las once de la mañana aproximadamente, escuché el timbre. Recientemente había pedido una televisión nueva y supuse que los que llamaban al timbre eran los que me harían la entrega del televisor. Me levanté, me vestí rápidamente a medias y bajé las escaleras a toda prisa. El timbre sonó otra vez.

¡Maldita sea! ¡Ya voy, ya voy! Grité.

Abrí la puerta sin comprobar a través de la mirilla y fui recibido por dos hombres encapuchados. Uno de los hombres me apuntó con una pistola en mi cara diciendo "Dame tu cartera".

Mi primera reacción fue de enfado y le di un puñetazo, arrebatándole el arma de su mano. El arma rebotó y le golpeó en la cara antes de caer al suelo. El otro hombre se quedó allí de pie. Pude coger el arma antes de que el hombre se abalanzara sobre mí. No tuve tiempo de reaccionar y simplemente apreté el gatillo. La bala alcanzó al hombre que me había amenazado desde un principio y acto seguido, se desplomó al suelo. Yo seguía sosteniendo el arma. El otro hombre no se movía. Se quedó como una estatua delante de mí.

¡No dispares! Suplicó el hombre.
¡Yo estaba en shock! Miré hacia abajo para comprobar si el hombre al que había disparado estaba vivo pero estaba tumbado en el suelo, no hacía ningún ruido, ningún movimiento. No estaba respirando y claramente estaba muerto. No había sangre, nada. Sus ojos estaban abiertos y la situación parecía como si el hombre se hubiese caído y no hubiese sido capaz de levantarse.

Miré al otro hombre y dije, "venga conmigo, tengo que llamar a la policía".

Me siguió a la cocina. Mis piernas y mis manos estaban temblando, pero seguí apuntando al hombre con la pistola caminando justo a mi lado para asegurarme de que no intentara dominarme.

Llamé al número de emergencias y pedí asistencia inmediata.

Cuando la policía llegó, seguía sosteniendo el arma y seguía apuntando al hombre. Uno de los agentes de policía me quitó el arma y nos ordenó al hombre y a mí que nos sentáramos en las sillas de la cocina. El hombre dijo a la policía que yo había estado amenazándole. Intenté explicar a policía lo que había sucedido esa mañana pero los agentes no quisieron escucharme.

Estaba en shock por la actitud que estaban teniendo los agentes. Los dos fuimos detenidos y llevados a la comisaría de policía. Tras ser fichados en comisaría, fui enviado a una celda y se me informó de que podía llamar a un abogado. Le dije a la policía que no quería hablar con ningún abogado ya que no había hecho nada malo. Les dije que actué en legítima defensa.[25]

Tras estar en la celda durante lo que para mí fue una eternidad, un agente me dijo que sería acusado de asesinato[26]. No podía creer lo que estaba oyendo. ¡Joder! ¡Fue en defensa

---

[25] Ver el Anexo B para consultar la definición de Legítima Defensa.
[26] Ver Anexo B para consultar la definición de Asesinato

propia![27] ¡No debería ser acusado por ello! ¿Qué se suponía que iba a hacer, dejar que me mataran? Estaba defendiendo mi vida. ¡No hice nada malo!

Me declararé no culpable. Esto no tiene ningún sentido. ¡Es evidente que no pueden enviarme a la cárcel por esto! Se que la ley de Torcia me permite defenderme en mi propiedad y de mi mismo. El Tribunal considerará que no tenía intención alguna de matar a ese hijo de puta. Pero no tuve elección. Estaba defendiendo mi vida.

Supe que la policía acusó al otro hombre por allanamiento de morada, un cargo que este delito es castigado con una pena máxima de diez años de prisión. Ese bastardo tendrá una condena de diez años o menos y puede que yo, una perpetuidad.

---

[27] Ver Anexo B para consultar la definición de defensa propia.

PREGUNTAS

1) ¿Hizo Ben un uso de fuerza razonable para defenderse?

Sí ___ No ___

¿Por qué?

_____
_____
_____

Proporciona tu opinión:

Añada una marca de verificación al lado de la sentencia que elija

      a) ¿Debe Ben ser condenado por asesinato? ___

      b) ¿Debe Ben ser condenado por homicidio?[28] ___

      c) ¿Debe ser absuelto Ben? ___

---

[28] Ver Anexo B para consultar la definición de homicidio.

¿ES ESTO UN CUENTO DE HADAS O UNA PESADILLA?

Fonsilla trabajó toda su vida ayudando a su familia. Su familia había adquirido una parcela significante de tierra cerca de la ciudad de Hortus en Torcia. Era un paisaje encantador repleto de árboles y animales, conocido en la zona como Paradissimo. Los padres de Fonsilla le dejaron la propiedad para ella en su testamento porque sabían que ella iba a cuidar del lugar. Sus padres no dejaron la propiedad a ninguna de las hermanas de Fonsilla, Gladisa y Elsa porque sabían que Gladisa y Elsa, no querían la propiedad del Paradissimo, sino el dinero. Los padres de Fonsilla se aseguraron de entregarles una cantidad de dinero suficiente a Gladisa y Elsa como para poder cuidar de ellas mismas durante el resto de sus vidas, pero no heredarían ninguna porción de tierra en la propiedad del Paradissimo.

Dos años después de que los padres de Fonsilla fallecieran, Fonsilla conoció al Príncipe Carlos, conocido como PC. La familia de PC no era rica y PC tenía pocas intenciones de buscar un trabajo. Había crecido en una granja en su país, Geliva. Sus padres eran pequeños terratenientes y tenían rebaño y caballos. Él siempre había trabajado con caballos y quería encontrar un trabajo relacionado en establos privados en Torcia.

Fonsilla conoció a PC en una exhibición de caballos donde ella se encontraba exhibiendo el suyo. PC estaba trabajando como ayudante en las instalaciones de los establos y proporcionaba su servio a los propietarios de los caballos que participaban en la exhibición. Al parecer, PC se encontraba limpiando el establo del caballo de Fonsilla.

Cuando Fonsilla vio a PC, se quedó abrumada de lo atractivo que era y se quiso acercar para conocerlo. Ella se acercó para hablar con él y lo encontró agradable y respetuoso. Ella le mencionó a PC que su caballo necesitaba unas nuevas herraduras porque había perdido una de ellas cuando llegó al lugar de la exhibición. PC le dijo que intentaría buscar unas herraduras de calidad para su caballo.

PC quedó asombrado por la belleza de Fonsilla y supo inmediatamente que había encontrado a la mujer de sus sueños. Este quería impresionarla ofreciéndole las herraduras adecuadas para su caballo. Tras buscar diferentes estilos de herraduras en su catálogo de muestras, decidió elegir unas herraduras adornadas con diamantes. El creyó que era importante crearle una buena impresión a la chica encantadora, Fonsilla.

Cuando Fonsilla vio el trabajo de PC se quedó atónita por el diseño exquisito de las herraduras. Fonsilla se quedó tan impresionada con su trabajo que decidió darle un trabajo como cuidador de su establo en el Paradissimo. Esto les dio la oportunidad a Fonsilla y a PC de pasar tiempos juntos. Su relación de amistad pronto se convirtió en un romance. Fonsilla nunca había conocido a un hombre tan encantador y apuesto como PC y le conquistó con su amor y su manera de cuidarla.

Algunos meses después, PC le propuso matrimonio. Fonsilla aceptó la propuesta de matrimonio de PC. Fonsilla era consciente de que tenía más dinero que él, pero sabía que PC no quería su dinero, así como tampoco la propiedad del Paradissimo. Tan solo pretendía formar una familia con ella en el Paradissimo.

Tras su matrimonio, PC y Fonsilla consolidaron su hogar en el Paradissimo. Ellos construyeron una mansión de cuento de hadas y crearon un parque de ciervos en su propiedad. Vivían en medio de la naturaleza y los animales, lo cual les hacía muy felices.

Un año después del matrimonio, Fonsilla dio a luz a una niña. Ella y PC decidieron llamarla Carmella.

La propiedad se encontraba cerca de la gran ciudad de Hortus. Hortus estaba en plena expansión y los agentes inmobiliarios contactaron con Fonsilla y PC en un intento de comprar las tierras del Paradissimo. Los agentes inmobiliarios tenían la intención de construir urbanizaciones de viviendas y centros comerciales en la propiedad. Fonsilla y PC rechazaron la oferta porque ellos querían que el Paradissimo llegara a ser una reserva cinegética con tal de proteger a los animales y la tierra natal de Torcia. Fonsilla supo que sus padres hubiesen querido que su propiedad fuese protegida y bien preservada en su estado natural para el disfrute de Fonsilla y su familia.

PC no pudo mantener alejadas del Paradissimo a las hermanas de Fonsilla, Gladisa y Elsa. A pesar de que Gladisa y Elsa tenían el dinero suficiente para vivir de manera confortable, estas sentían envidia por la familia que Fonsilla y PC habían formado así como la decisión de tener un bebé. Puesto que ellas no tenían marido ni hijos, buscaron ganarse el afecto de Carmella comprándole regalos caros en un intento de tenerla a su favor desde una temprana edad.

PC le advirtió a Fonsilla de lo que sus hermanas estaban tramando, pero Fonsilla creyó en la importancia de los lazos familiares. Ella le dijo a PC que no quería apartar a sus hermanas de Carmella.

PC y Fonsilla desconocían por completo las intenciones que Gladisa y Elsa tenían tras llegar a un acuerdo con Ramon, un joven abogado en Hortus, con la intención de recuperar la propiedad del Paradissimo. Su plan consistía en tener a Ramon contratado en su propiedad para hacer que Carmella actuara a su antojo. Ellos sabían que la inocente y dulce Carmella podía ser influenciada fácilmente.

Para llevar a fin sus planes, primero tenían que conseguir que Ramon convenciera a Fonsilla y a PC de mantener el fidecoidismo de la propiedad a Carmella. De este modo, cuando Carmella alcanzaría la mayoría de edad, la propiedad del Paradissimo pasaría a estar en sus manos. Eso les daría bastante tiempo como para conseguir que Ramon influenciara en la manera de ver las cosas de Carmella con tal de que esta hiciese lo que sus hermanas y Ramon quisieran.

Siguiendo las instrucciones de Gladisa y Elsa, Ramon se reunió con PC y Fonsilla comentarles que lo conveniente seria otorgar el fidecoidismo de la propiedad a Carmella, con un interés vitalicio de una pequeña parcela reservada para PC y Fonsilla. Ramon les dijo que esto sería beneficioso para la planificación estatal porque ello disminuiría la carga impositiva abonada por Carmella cuando Fonsilla y PC fallecieran. Ramon también les aseguró que Carmella tendría el derecho de conservar y preservar la propiedad del

Paradissimo, su lugar de nacimiento, para siempre. Esto complació a ambos, PC y Fonsilla aceptaron el trato y signaron el trato.

Como parte de su plan de recuperar el control del Paradissimo, Gladisa y Elsa se reunieron con Ramon varias veces para hablar sobre sus planes y construir un centro comercial en la propiedad. Ellas le dijeron a Ramon que él era como un hijo para ellas con tal de mostrarles su gratitud, lo elegirían como heredero en su testamento como único beneficiario de sus propiedades.

Cada vez de Carmella visitaba sus tías, ellas llamaban a Ramon. Carmella tuvo la oportunidad de conocer a Ramon y disfrutar de su compañía. Ella creía que Ramon ayudaba a sus padres y a sus tías. Aunque Carmella sabía que él era diez años mayor que ella, ella creció de manera muy acogedora con el apoyo y cuidado que mostraba hacia ella.

Cuando Carmella cumplió quince años. Ramon la invitó a ver una película con él. A pesar de que algunos chicos del colegio le habían pedido salir en varias ocasiones, Carmella prefirió pasar tiempo con Ramon. Ella creyó que él era más maduro que los chicos del colegio y estaba impresionada por su habilidad de tratar con la gente. PC y Fonsilla estaban encantados con la relación que mantenía su hija con Ramon porque ellos confiaban en él.

Gladisa y Elsa continuaron tramando su plan con Ramon con tal de construir un majestuoso centro comercial en la propiedad del Paradissimo y convencer a Carmella de que era lo mejor que podían hacer a pesar de la voluntad de sus padres de convertir la propiedad en una reserva cinegética. Ramon solía hablarle a Carmella de sus ideas como la de construir un imperio comercial. Le dijo que trabajaría con ella para convertir el Paradissimo en un imperio comercial. Le comentó que había elejido un hombre en honor a ella, su dulce Carmella. El le dijo a ella que el imperio comercial recibiría el nombre de Candiland.

Carmella supo que sus padres no aprobarían la idea de construir un imperio comercial en la propiedad del Paradissimo, pero Ramon intentó convencerla y hacerle ver que sus padres tenían una visión de la vida muy pasada de moda y que sus ideas no encajaban en el mundo actual. Ramon le hizo entender que el mundo ahora era muy diferente del mundo en el que habían vivido sus padres cuando ellos eran jóvenes. Ramon le explicó que la sociedad moderna necesitaba comercio, comercio, compras y hoteles, no animales y pastos nativos.

Carmella supo que la propiedad del Paradissimo pasaría a ser suya cuando cumpliera los dieciocho, pero creía que todavía tenía tiempo suficiente para decidir que hacer con la propiedad. Ella consideró que no tenía que tomar ninguna decisión demasiado precipitada.

Tres semanas antes de su dieciocho cumpleaños, Ramon la llevó a una cena romántica y la invitó a su casa. Ellos hicieron el amor por primera vez y cuando Ramon le pidió que se casara con ella, Carmella se sintió eufórica, estaba feliz y aceptó. Carmella supo que sus padres confiaban en Ramon y que se sentirían muy felices de que hubiese tomado esa decisión.

Ramon dijo que no quería una ceremonia grandiosa, solo algo especial entre ellos dos. La semana en la que ella cumplía los dieciocho años, se casaron en el registro civil en Hortus, con dos de sus amigos actuando de testigos. Carmella decidió que sería una buena idea darles la sorpresa a sus padres con esta nueva noticia después de la boda.

Las cosas cambiaron rápidamente después de la boda entre Carmella y Ramon. Ramon la convenció de que deberían constituir una empresa, Candiland Inc. La empresa tomó el control de la propieda del Paradissimo y Carmella permitió que Ramon empezara a construir el imperio comercial en la tierra de la propiedad.

PC y Fonsilla no podían creerlo cuando se enteraron de lo que estaba pasando. No podían entender por qué razón Carmella había decidido casarse con ese hombre sin consultarlo antes con sus padres. Tampoco entendían como se había podido dejar convencer por Ramon para que tomara el control de su bien amado el Paradissimo. No entendían como Carmella podía haberse olvidado de la belleza y del valor del entorno natural en el que había felizmente crecido y tratar el Paradissimo como unas tierras donde generar negocios y dinero.

Fonsilla y PC solicitaron asesoría legal para contemplar la posibilidad de revertir las escrituras de fideicomiso. Cuando los padres de Carmella hablaron con ella, ésta les dijo que había decidido permitir que Ramon se hiciese cargo de los asuntos de negocios. Ella se justificó diciendo que Ramon tenía mucha más idea que ella en temas de negocios y en lo relacionado con comercio y propiedades.

Candiland Inc. había adquirido, como principal activo, la propiedad del Paradissimo. Gracias a la exhortación llevada a cabo por Gladisa y Elsa, Ramón decidió avanzar con la intención de construir un centro comercial, un centro lúdico y un hotel. Fonsilla y PC recibieron únicamente una pequeña parcela de tierra detrás del complejo Candiland.

Desafortunadamente, no todo marchó como se esperaba en el proyecto Candiland. La fecha inicial fijada para abrir Candiland fue aplazada debido a los hallazgos arqueológicos de fósiles en los terrenos de la propiedad del Paradissimo. Esto impedía proceder al proceso de apertura de la compañía Candiland Inc. hasta que la excavación y la extracción de los fósiles fuese completada.

Asímismo, el coste de construcción del Hotel Candiland excedía sistemáticamente las previsiones presupuestarias, por lo que era imprescindible que Carmella y Ramon efectuaran aportaciones económicas adicionales con tal de seguir adelante con el proyecto. Gladisa y Elsa hicieron su aportación económica con la condición de que el hotel pasara a llamarse el Hotel Gladelsa y exigieron instalar un iluminado de luces neon que mostraran la grandeza del nombre del Hotel Gladelsa. Solicitaron también un beneficio del 55% de los beneficios recaudados en el hotel.

Al año siguiente de la inauguración del Parque de Atracciones Candliland, uno de los vagones de una atracción salió de los raíles. Dos personas fallecieron y cinco resultaron heridas. Las demandas judiciales por parte de las familias afectadas no tardaron en multiplicarse. La reputación de Candiland se vio dañada y tuvo como resultado importantes pérdidas financieras para la empresa Candiland y el Hotel Gladelsa.

Cinco años después de la inauguración de Candiland Inc, la empresa estaba en quiebra y fue liquidada pasando a ser controlada por una empresa de contabilidad que actuaba de intermediaria para negociar la venta y distribución de los activos y la propiedad. La distribución de fondos fue transferida a los acreedores garantizados por el banco, a los acreedores judiciales, así como también a los servicios prestados por los abogados y los contables. Por desgracia, no quedaban ya beneficios para pagar a los acreedores comunes.

Ramon había engañado a Gladisa y a Elsa ya que no redactó los contratos para convertirlas en acreedores garantizados. Estas descubrieron que eran acreedores comunes y que no podrían recuperar el dinero que le habían prestado a Ramon y Carmella mediante la aportación económica, así como tampoco recuperarían la parte de los beneficios del Hotel Gladelsa cuando generara beneficios. Gladisa y Elsa ultrajaron y conspiraron con la finalidad de destrozar todo los relacionaodo con el Paradissimo, Ramon y Carmella.

Para empezar, cambiarion sus testamentos para asegurarse de que Ramon y Carmella no se beneficiarían de su caudal hereditario. Entonces decidieron destrozar el terreno restante del Paradissimo, una pequeña porción de tierra donde Fonsilla y PC vivían en ese entonces.

Contactaron con un científico que trabajaba con la modificación genética para generar pesticida sintético XXP diseñado para matar plantas y árboles. Contrataron a un estudiante descontento para que fumigara desde una avioneta la zona donde vivían Fonsilla y PC utilizando el pesticida para acabar con el único entorno natural que quedaba, el cual se encontraba donde Fonsilla y PC vivían en ese momento.

Su plan final fue asegurarse de que Carmella y Ramon no volviesen nunca más a Candiland. Arrojaron una bomba incendiaria en el Hotel Gladelsa para prender fuego a todo el complejo Candiland, así como también la propiedad de Fonsilla y PC.

A Fonsilla y PC no les quedó más opción que abandonar la pequeña parcela que les quedaba del Paradissimo. Se sabe que ahora están abocados a la pobreza extrema intentando sobrevivir en la calle en la ciudad de Hortus.

Ramon y Carmela se divorciaron. Los dos se han marchado de Torcia. Se desconoce donde viven o que están haciendo en la actualidad.

Gladisa y Elsa eran conscientes del dinero que habían perdido pero estaban satisfechas con el resultado de su conspiración. Candiland fue demolido y Ramon y Carmela abandonaeon su hogar, su tierra natal.

Las mejor noticia para Elsa y Gladisa era que el Paradissimo había desaparecido para siempre.

PREGUNTAS

¿Es esto un cuento de hadas o una pesadilla?

_____
_____
_____

¿Por qué?

_____
_____
_____

¿EN QUIEN PODEMOS CONFIAR?

Leerás casos de incumplimiento de confianza. El incumplimiento de confianza no es un delito en Torcia. En Torcia esta ofensa esta sujeta a vías de recurso ante los Tribunales civiles. Se le cuestionará según su criterio si cree que debería pasar a ser un delito y proporcionará su decisión con respecto al recurso que considere apropiado en los casos tratados a continuación.

CASO 1 - BERNARD

Bernard garantizó poder de financiación por parte de sus hijos. El poder de financiación fue otorgado a su hijo Noel y a su hija Laurie. Su intención fue facilitarle las operaciones bancarias para sus hijos que estaban ayudando a cuidar de él. Después de que Bernard garantizara el poder de financiación, Laurie sacó 6000 dólares de la cuenta bancaria de su padre y lo puso en su propia cuenta. Más tarde, hizo una transferencia de 79000 dólares de la cuenta de su padre a la suya para gastos personales. Su padre fue declarado incapacitado y al día siguiente queda constancia de que tuvo lugar segunda transacción.

El hijo, Noel, puso una demanda en el Tribunal Civil de Torcia. Solicitaba que su hija le devolviera el dinero que había extraído de la cuenta de su padre y una contabilización del estado de cuentas.

El Tribunal ordenó la suspensión de Laurie como titular de la cuenta, y exigió que devolviera el dinero que había extraído en las dos ocasiones proporcionando una contabilización del estado de la cuenta.

CASO 1 - PREGUNTAS

1) ¿Está de acuerdo con la decisión?

Sí ___ No ___

¿Por qué?

_____

_____

_____

2) ¿Usted cree que este tipo de delito debe ser penal en lugar de civil?

Sí ___ No ___

¿Por qué?

_____

_____

_____

3) Quiero tomar mi propia decisión. Esta es:

_____

_____

_____

CASO 2 - MANUEL

Manuel le concedió a Doug poder notarial, el cual incluía poder llevar a cabo sus operaciones bancarias y pagar sus facturas mientras que Manuel estaba ingresado en el hospital. Manuel estuvo dos meses ingresado y durante ese período de tiempo estuvo muy enfermo y desorientado.

En el primer mes, Doug hizo una transferencia de 97000 dolares a su propia cuenta distribuida en cinco cheques. Dicha transferencia fue justificada como gastos en supuestas ayudas para Manuel. Doug declaró que Manuel tenía la voluntad de que Doug pasase a tener su dinero cuando él muriera, pero que por desgracia, Manuel no había tenido tiempo de cambiar el testamento. Doug declaró que todo el dinero transferido era destinado a cubrir ayudas para Manuel.

El Estado de Manuel demandó a Doug para que devolviera el dinero y para que reconociera que Manuel no autorizó que Doug se benficiara de ese modo. El Estado declaró que aún habiendo sido autorizado a acceder a todo su dinero, Manuel no tenía capacidad mental para hacer dicho acto.

El recurso fue aceptado. El Tribunal de Estado de Torcia tomó esta decisión ya que Manuel se encontraba en una situación extremadamente decadente. El testimonio debía de ser convincente e incuestionable.

El Tribunal dictaminó que Manuel podía haber cambiado su testamento para beneficiar a Doug si éste así lo aceptaba, pero que tal cosa no había sucedido.

El Tribunal consideró falsos los cheques supuestamente firmados por Manuel. Los cheques ascendían a cantidades de dinero sumamente altas en tan solo los últimos tres meses de vida de Manuel. El Tribunal determinó que el testimonio de Doug era totalmente falso, así mismo, a falta de pruebas, carecía de credibilidad.

Doug fue condenado a pagar las cantidades que había transferido de la cuenta al Estado de Manuel.

CASO 2 - PREGUNTAS

1) ¿Está de acuerdo con la decisión?

Sí ___ No ___

¿Por qué?

_____
_____
_____

2) ¿Usted cree que este tipo de delito penal debe ser en lugar de civil?

Sí ___No ___

¿Por qué?

_____
_____
_____

3) Quiero hacer mi propia decisión. Esta es:

_____
_____
_____

CASO 3 - ERIC

Eric había sufrido una lesión cerebral grave en un accidente de moto que lo dejó invidente. Eric otorgó poder notarial a su hermano Daryl, para realizar operaciones bancarias de su cuenta para cuidar de él.

El poder notarial le fue otorgado a Daryl con instrucciones específicas de que solo podía utilizarlo bajo la autorización de Eric. El acuerdo había sido firmado por los dos y el estuvo de acuerdo a hacer operaciones bancarias bajo las órdenes de Eric exclusivamente; sin poder así hacer extracciones de dinero, cheques, o cualquier otra operación monetária para beneficio de Daryl.

Durante un período de ocho meses, Daryl ejerció un abuso de confianza realizando operaciones bancarias no autorizadas ni notificadas a su hermano Eric, así como transacciones para su propio benefecio. Las transacciones no autorizadas ascendían a la cantidad de 100.000 dólares.

Las transacciones no autorizadas incluían:

- Extracciones de grandes cantidades de dinero par su propio beneficio;
- Compras de videos pornográficos;
- Compras de billetes de avión para viajar a Rehna;
- Compras de reservas de habitaciones de hotel y cenas en Rehna.

El abogado de Eric solicitó al Tribunal que se hiciera justicia y que se cargaran 100.000 dólares a Daryl y que se le impusiera una multa de 10.000 dólares.

Esta condena fue rebocada por Daryl, quien indicó que él era merecedor de ese dinero por cuidar de Eric.

El Tribunal dictaminó que los 100.000 dólares deberían de ser devueltos a la cuenta bancaria de Eric, así también como una multa de 10.000 dólares, como fue solicitado por el abogado de Eric.

CASO 3 - PREGUNTAS

1) ¿Está de acuerdo con la decisión?

Sí ___ No ___

¿Por qué?

_____
_____
_____

2) ¿Usted cree que este tipo de delito penal debe ser en lugar de civil?

Sí ___No ___

¿Por qué?

_____
_____
_____

3) Quiero tomar mi propia decisión. Esta es:

_____
_____
_____

AUTO-EVALUACIÓN

Tiene la oportunidad de hacer una auto-evaluación después de leer las historietas dentro del apartado "Abuso de Confianza".

Indica la puntuación que crees merecer según:

1) Identificación de los temas tratados en éste capítulo. ___
2) Sugerencias y comentarios que hayas hecho. ___
3) La persona que toma las decisiones. ___

       TOTAL: ___

Puedes puntuarte desde la nota 0 (la más baja) a 5 (la más alta). Esto es un juego. Recuerda que no hay respuestas correctas o incorrectas.

BUENO O MALO

CAPÍTULO 8

NADIE NACE BUENO O MALO

En este libro, la cuestión planteada es que proporcione respuestas y sentencias ante los delitos penales tratados en estos informes criminales.

Ten en cuenta que la mente humana es frágil e impredecible y las acciones de la gente a menudo dependen de la circunstancia. Así mismo, gracias a las disciplinas de psicología y psiquiatría se pueden analizar interpretaciones para alcanzar la comprensión de estos casos.

ALEGORÍA: *Las apariencias engañan. No todo aquel que conozcas es lo que parece ser.*

RICHARD

Richard escapó de una prisión de máxima seguridad en el Estado de Torcia. Se las ingenió para escalar la valla de seguridad durante una tormenta. La tormenta había ocasionado varios fallos técnicos en el sistema de seguridad de la cárcel y el personal penitenciario no pudo impedir la fuga de los presos puesto que el sistema de alarma no funcionaba en algunas zonas del vallado. Richard era un delincuente considerado altamente sospechoso y la noticia de su fuga fue difundida por las televisiones de Torcia. Su historial de crímenes incluía cargos de robo en conexión con narcotráfico, el asesinato de un oficial de policía durante uno de los asaltos y otro delito de asesinato a dos narcotraficantes en medio de una negociación que no marchó bien.

Un mes después de su fuga, Richard robó en un comercio haciendo uso de un cuchillo que había construido en la cárcel; el cual le había permitido también escapar de allí. Richard había retomado el contacto con Terry, un narcotraficante que le había proporcionado algo de cocaína como regalo de bienvenida. Terry sabía que se cobraría ese favor ya que Richard lo ayudaría a distribuir la droga en los institutos de Corrita. Richard tenía una gran experiencia con ese tipo de trabajo y estaba feliz de poder volver al juego del narcotráfico ahora que estaba fuera de la cárcel.

Richard era un hombre a punto de cumplir los treinta años. Tras su fuga, decidió aprovecharse de su libertad y encontró un bar donde podía ir a bailar y a beber con el propósito de encontrar mujeres que le pagaran la cuenta de esa noche y con las que pasar la noche. Quería satisfacer su deseo de ver como dos mujeres mantenían relaciones sexuales.

Había soñado con eso muchas veces durante su larga estancia en prisión y quería convertir su fantasía en realidad. Encontró un club nocturno en Corrita y tuvo que insistir poco para convencer a tres mujeres para que fueran con él a un motel. Richard sabía que cada una de ellas esperaba que fuese la elegida para tener relaciones con él.

Richard y las tres mujeres inhalaron cocaína de la que Terry le había dado a Richard. Todos se encontraban muy a gusto. Richard les dijo a las mujeres que quería que hicieran el amor entre ellas. Las mujeres estaban dispuestas a ganar la competición y aceptaron su petición para después ser la elegida por Richard. Una de las mujeres empezó a jugar con la otra mujer en la cama. Aquella se convirtió en una noche erótica repleta de caricias, besos y tocamientos mientras Richard observaba todo lo que pasaba. Una de las mujeres alcanzó el éxtasis. Todos se lo estaban pasando muy bien hasta que una de las mujeres se echó a reír.

"¡Deja de reírte, hija de perra!" gritó Richard.

Se abalanzó sobre ellas en cólera y sostenía el cuchillo que había utilizado para atracar el comercio. No tuvieron tiempo de reaccionar ya que estaban en la cama sin ropa y eran vulnerables. Al tiempo que apuñalaba en sus cuellos gritaba: "¡Malditas vacas, no os vas a reír más de mí!"

¿Por qué razón mató Richard a las tres mujeres? Libros de psiquiatría y psicología pueden proporcionar información al respecto, pero, ¿Aportan alguna explicación en su totalidad? ¿Cómo podríamos definir los procesos mentales de este individuo? Lo que sí sabemos es que sus perversiones, sus neurosis y la manipulación a los demás, combinadas con sus fantasías, se convirtieron en el capítulo final de la vida de estas tres mujeres.

¿Qué más sabemos? Éramos conscientes de que Richard tenía poca piedad al tratar con otros seres humanos. Era un hombre que ridiculizaba a los demás y los trataba como si fuesen objetos para satisfacer sus deseos personales. De hecho, había tenido muchas relaciones con mujeres. Durante su estancia en la cárcel tuvo relaciones con hombres algunas veces de manera consentida y otras no.

El expediente carcelario de Richard era interminable. Había vendido y distribuido drogas dentro y fuera de la cárcel y tenía un amplio historial de robos. Sus palabras cuando fue arrestado por la policía fueron las siguientes: "Cuando vieron el cuchillo empezaron a gritar como vacas, por lo que decidí matarlas como vacas. No iba a consentir que esas zorras se riesen de mí".

Para Richard, esas mujeres eran solo carne, objetos de placer. Esa noche, consideró que se habían convertido en objetos prescindibles.

Richard fue condenado por asesinato y se procedió a su ingreso inmediato en una prisión de seguridad superior a la que había escapado anteriormente.

PREGUNTAS

1) ¿Cree usted que el sistema jurídico actual de Torcia podría ayudar a Richard?

Sí ___ No ___

¿Por qué?
_____
_____
_____

2) ¿Cree que el sistema sanitario actual en Torcia podría ayudar a Richard?

Sí ___ No ___

¿Por qué?
_____
_____
_____

3) ¿Considera que el informe proporciona información suficiente para determinar los motivos que llevaron a Richard a cometer los asesinatos?

Sí ___ No___

En tal caso, ¿qué información fue proporcionada?
_____
_____
_____

4) ¿Qué información adicional cree que necesita para esclarecer los motivos por los que Richard cometió los asesinatos?
_____
_____
_____

SUNNIE Y GLYDE

Quizás entenderemos mejor los delitos cometidos por Sunnie y Glyde si echamos la vista atrás a la infancia de ambos. No tenemos la habilidad de adentrarnos en su mente para saber si sus actos son resultado de la genética o construidos e influenciados por otras personas. Al observar los sucesos que sucedieron en la etapa de la infancia, podemos intentar plasmar un enfoque de los motivos que llevaron a Sunnie y Glyde a cometer esos delitos.

Sunnie y Glyde eran mexianos y eran gemelos. Habían vivido en Reda durante toda su vida. El padre de los gemelos era un obrero común en la industria de la construcción. La madre trabajaba haciendo turnos en un bar. El padre había sido encarcelado en varias ocasiones por los delitos de robos, el robo de vehículos, así también por agredir a su esposa, la madre de los niños. El padre de Sunnie agredió sexualmente a su hija cuando ésta tenía tan solo tres años de edad. Tras conocer ésta barbarie, la madre se divorció de su marido y se fue a vivir a otro lugar con sus hijos.

Cuando los niños cumplieron seis años, se apropiaron del coche de su madre sin autorización. La madre había vuelto de trabajar del bar y les dijo que mientras se tomaba un descanso, ellos podían jugar juntos en la cocina antes de cenar. Tras esperar a que su madre se durmiera, Sunnie vio que mamá se había dejado las llaves del coche encima de la mesa de la cocina. Sunnie cogió las llaves y le preguntó a Glyde si quería ir con ella a jugar en el coche. Los niños cogieron las llaves y fueron al coche a jugar. Sunnie presumía de saber llevar el coche y Glyde bajo su asombro, le pidió que el enseñara a llevarlo.

Un vecino llamó a la policía cuando vio que Sunnie estaba conduciendo un coche por la callo junto a su hermano, el cual estaba sentado al lado. No podía creer lo que estaba viendo con sus propios ojos. El vecino afirmó que le ordenó a la chica que parara el coche pero que ella no se detuvo y continuó conduciendo. El coche se estrelló entre dos vehículos antes de que chocaran con un poste de electricidad donde quedó estancado. Por suerte, Sunnie y Glyde no resultaron heridos pero el coche de su madre y los dos vehículos habían resultado dañados.

Cuando el agente de policía pregunto a los niños que estaban haciendo, Glyde dijo que Sunnie le estaba enseñando a conducir. El comentario de Sunnie a la policía fue: "Es divertido hacer cosas malas y soy muy buena conductora".

El agente de policía llevó a los niños a casa. En ese momento, la madre ya estaba despierta y había podido comprobar que su coche no estaba. Se dirigió a los vecinos para preguntarles si habían visto a sus niños y a su coche. Ella le dijo al agente que creía que alguien había abordado a sus niños y robado el coche.

El agente de policía que investigó el incidente, decidió no presentar cargos contra Sunnie y Glyde debido a su temprana edad pero sí presentó cargos contra la madre por permitir ese acto de peligro público y por dejar a los niños desatendidos.

Cuando la policía se marchó, Sunnie recibió una paliza de su madre. Glyde miraba con la esperanza de que él se librara del castigo. No obstante, no se escapó y recibieron ambos por igual.

El siguiente acontecimiento tuvo lugar cuando los niños tenían tan solo diez años. Se alegó que los niños habían molestado sexualmente a una niña en el colegio. La niña, Roxanne, le contó a un niño de la escuela un juego que una compañera de clase, Sunnie le había enseñado. El juego se llamaba "lollipop". Los jugadores tenían que bajarse los pantalones y jugar con esas partes del cuerpo. Roxanne quería que el chico jugara con ella. El chico se opuso pero fue inmediatamente a contárselo a su profesor, el cual abrió una investigación.

La escuela envió al asistente social para que hablara con la madre de Sunnie y Glyde, así también como con los niños para hablar con ellos de lo ocurrido. La madre le dijo al asistente social que sus niños eran buenos niños y que no era posible que hubiesen jugado a algo así. Cuando la asistente social preguntó a Sunnie y Glyde lo que había sucedido, ellos negaron haber jugado a ese juego con Roxanne.

Glyde le dijo a la asistente social que él y su hermana eran un equipo. El dijo: "Cuidamos uno del otro. Hago lo que Sunnie me dice que haga porque ella es más lista que yo". Éste dijo al asistente social que a Roxanne no le gustaba jugar con ellos porque eran mexianos.

Sunnie le dijo al asistente social que ella era más alta y más fuerte que su hermano y que a veces tuvo que defender a Glyde y protegerlo de chicos y chicas más mayores en la escuela cuando lo amenazaban con pegarle por ser mexiano. Sunnie dijo también que los niños en la escuela, incluida Roxanne, la acusaba a ella y a su hermano. Sunnie dijo que su madre le había explicado que la comunidad tenía ideales racistas en contra de la gente mexiana y que tenía que acostumbrarse a ello. Sunnie le dijo al asistente social que Roxanne no estaba contando la verdad y dijo que Roxanne quería causarles problemas para que fueran expulsados de la escuela.

La asistente social recomendó a la familia que acudieran a un psicólogo. La madre de los niños le dijo al asistente social: "Ni yo ni los niños necesitamos ir a ver a ningún psicólogo. Firmemente pienso que no le hicieron nada a Roxanne. Los niños de la escuela no tratan a mis niños en pie de igualdad por ser mexianos".

La escuela no prosiguió a tomar más medidas. El asistente social determinó que no había pruebas suficientes en contra de Sunnie y Glyde que demostraran que hubiesen molestado a Roxanne de algún modo sexual.

Cuando Sunnie y Glyde tenían diecisiete años, decidieron robar en una joyería, los almacenes Goldie. El noticiario de los medios de comunicación era considerable en Reda y alrededores. La búsqueda policial de Sunnie y Glyde ya había empezado.

La policía no tardó en procesarlos y enjuiciarlos. Tras recibir asesoramiento jurídico, se declararon culpables de los cinco cargos por robo. El juez que los condenó dijo que quería dar ejemplo a los niños para impedir que cometan delitos de ese tipo. Sunnie debía cumplir su sentencia durante veinticuatro meses en un centro de rehabilitación estatal para chicas menores de edad que habían cometido algún delito. En cambio, Glyde fue sentenciado solo a trece meses de encarcelamiento en un centro estatal para chicos delincuentes.

Cuando el juez dictaminó la sentencia, indicó que según el informe facilitado por la policía, había podido concluir que Sunnie era la cabeza pensante de lo que habían cometido y que convenció a Glyde para que la siguiera y la ayudara. No obstante, ambos debían aprender una lección. A continuación, en la sentencia se manifestaba lo siguiente: "Es necesario disponer de la tranquilidad y seguridad en las calles, así también como en los comercios y actividades diarias que se llevan a cabo a diario en nuestra sociedad, sin que una actividad como ir de compras sea invadida por el miedo de vándalos como Sunnie y Glyde. Es necesario dictaminar una sentencia que refleje los valores de la sociedad y condenar a aquellos que decidan sacar provecho a la fuerza de nuestros negocios".

Cuando Sunnie y Glyde tenían veinte años fueron objeto de investigación por robo y secuestro en el área del Norte de Reda. Una mujer de treinta años de edad denunció haber sido robada y secuestrada a las tres de la mañana cuando estaba caminando por la calle Robson. Sostenía que un hombre y una mujer mexianos, cuya descripción coincidía con la de Sunnie y Glyde, la forzaron a subirse a un vehículo, le robaron el dinero que llevaba y la soltaron al poco rato. La víctima contó a la policía que cuando toparon con ella la chica dijo: "Bienvenida al oeste, entréguenos su cartera. Estamos recaudando dinero por una buena causa".

Tras la investigación llevada a cabo por la policía, Sunnie y Glyde fueron acusados de robo y secuestro. Ambos se declararon culpables. No se ha incluido ninguna sentencia. Se le pide que aporte los comentarios que crea pertinentes haciendo referencia a la sentencia que cree debería ser impuesta a los jóvenes por los robos y por el robo diligente y su respectivo secuestro.

PREGUNTAS

1) ¿Deberían Sunnie y Glyde ingresar en la cárcel por los delitos del robo Goldie?

Sí___ No ___

¿Por qué?
_____
_____
_____

2) ¿Qué sentencia considera que se merece Sunnie por el robo y el secuestro?

a) Libertad sin cargos ___ [29]

b) Libertad Condicional ___ [30]

En tal caso,

¿Qué condiciones impondrías?
_____
_____
_____

c) Multa ___

d) La libertad condicional bajo asesoramiento para tratar el comportamiento violento___

e) Cárcel ___

f) Quiero imponer mi propia sentencia. Esta es:
_____
_____
_____

---

[29] Ver el Anexo B para consultar la definición de Libertad sin cargos.
[30] Ver el Anexo B para consultar la definición de Libertad condicional.

3) ¿Qué sentencia consideras que se merece Glyde por el robo y el secuestro?

a) Libertad sin cargos [31]___

b) Libertad Condicional[32] ___

¿Qué condiciones?

_____
_____
_____

c) Multa ___

d) La libertad condicional con condiciones que asiste el asesoramiento para la violencia contra los demás ___

e) Cárcel ___

f) Quiero imponer mi propia sentencia. Esta es:

_____
_____
_____

---

[31] Ver el Anexo B para consultar la definición de Libertad sin cargos.
[32] Ver el Anexo B para consultar la definición de Libertad condicional.

¿ES CULPABLE?

Las motos y las drogas arrastraron a Bill hasta la encarcelación. Bill había quedado para reunirse con su amigo "El Guapo" una noche para hablar sobre la compra de una Harley-Davidson". "El Guapo" le dijo a Bill que estaba planeando conseguir dinero de Hank, la persona de contacto en un grupo de la calle de adolescentes a quienes "El Guapo" había vendido drogas. Bill aceptó ir con él para respaldarlo mientras recogía el dinero.

Cuando llegaron a la casa de Hank, vieron que estaban celebrando una fiesta. Bill esperó fuera mientras "El Guapo" entraba en la casa para encontrar a Hank.

Hank encontró a "El Guapo" en la puerta. "¡Vamos, únete a la fiesta, tenemos muchas mujeres, drogas y alcohol! Eso debería saldar las cuentas del dinero que te debemos".

El chico no tenía intención de entrar en la fiesta. Había ido a buscar su dinero. Era consciente de que no era el mejor momento para hablar de negocios, pero decidió que no podía permitir que Hank se aprovechara de él. El chico presionó a Hank para que le devolviera el dinero que le debía, quinientos dólares.

"No juegues conmigo, quiero mi dinero. Te doy una hora", le dijo "El Guapo" sosteniendo un arma que había traído para la ocasión con tal de mostrarle a Hank que estaba hablando en serio. Las palabras de "El Guapo" eran casi desapercibidas por el ruido que hacían los macarras que había en la fiesta.

Dan, uno de los chicos que estaba en la fiesta, el cual se encontraba bajo los efectos de las drogas, sacó un cuchillo y se dirigió a "El Guapo" diciéndole: "¿Crees que puedes asustarnos, maldito hijo de perra?"

Dicha disputa derivó en una pelea. Bill corrió hacia la puerta donde vio que había problemas. Dan iba a agredirle y "El Guapo" no tubo más opción que dispararle. La sangre y los gritos pronto pusieron fin a la fiesta, mientras "El Guapo" y Bill huían con sus motos.

"El Guapo" y Bill fueron acusados de asesinato en primer grado. La resolución dictada tras el juicio fue que "El Guapo" era culpable. Bill fue señalado como cómplice del asesinato y ambos fueron sentenciados a cadena perpetua.

Bill agotó sus recursos sin éxito.

PREGUNTAS

1) ¿Debe Bill pasar su vida en la cárcel por haber accedido a acompañar a un amigo para protegerlo?

_____
_____
_____

2) ¿Debe Torcia disponer de una sentencia que permita a los delincuentes condenados a cadena perpetua solicitar la libertad condicional?

Sí ___ No ___

En tal caso, ¿Después de cuántos años?

- 10 años ___
- 15 años ___
- 20 años ___

3) ¿Qué sentencia considera apropiada para la participación de Bill en este caso?

¿Por qué?

_____
_____
_____

MORALEJA DE LAURA

Laura apareció ahorcada en su celda

Grabación de la cinta del sistema de seguridad instalada en la celda de Laura

Cuando yo era una niña, mi madre decía: "¡No es una buena persona! ¡Es un borracho!" Solía repetir"… "¡Es un borracho! ¡Me esta arruinando la vida!"

Yo era demasiado joven para entender lo que oía pero aún así, lo escuchaba. Mi madre solía repetir lo mismo: "Trabajo tanto todos los días y él solo sabe beber. ¡Es un borracho!"

Stuart, mi marido, era un alcohólico. ¿Por qué me casé con un hombre que era alcohólico? Por comodidad quizás; conocía esa zona y era un lugar agradable.

Stuart y yo empezamos a construir urbanizaciones antes de que el problema del alcohol se agravara y pasara a estar fuera de control. Mi marido empezó a ser agresivo conmigo, me gritaba y me golpeaba con sus puños cuando no estaba de acuerdo con él en algún asunto.

Intenté conseguir que Stuart acudiera a solicitar ayuda y asesoramiento para acabar con su adicción al alcohol. Me di cuenta de que necesitaba ayuda. Hablé con él sobre lo importante que era para su salud mental y física acudir a un centro de rehabilitación donde le ayudaran a superar el problema y le di un número de teléfono para que contactara con *Alcohol Assistance Anon* (AAA), un centro de rehabilitación donde le podían ayudar a tratar su problema.

Le dije que era un adulto y que ya era lo bastante mayor como para tomar sus propias decisiones, pero que debía aceptar que necesitaba ayuda.

Sin embargo, Stuart no acudió a AAA. Me dijo que no era ningún alcohólico y que lo dejara en paz. Él sólo quería presumir delante de sus amigos del complejo de las urbanizaciones que había edificado y seguir bebiendo. La bebida y el dinero eran todo cuanto había en su mundo. Sabía que no podía cambiarle.

Entonces recordé las palabras de mi madre cuando yo era tan solo una niña: "¡Es un borracho, no vale la pena!"

El segundo mensaje también se repetía: "¡Si bebes, no conduzcas!" El mismo mensaje estaba difundido en la radio, los periódicos y la televisión de la comunidad. El mensaje era divulgado por todas partes.

Era consciente de que Stuart conducía cuando bebía. No sabía qué hacer para detenerlo. Compré un adhesivo magnético y lo coloqué en nuestra nevera para alertarlo y llamar su atención. Era una señal de tráfico en la que se advertía: "Si bebes, no conduzcas". Además, diluí con agua sus botellas de whiskey.

Recuerdo esa noche a la perfección. Stuart me pidió que lo llevara a la licorería. Sabía que solo quería comprar más whiskey; era un alcohólico, un borracho. Yo estaba ocupada y le dije que no podía llevarle.

Stuart hizo caso omiso al mensaje de advertencia y cogió el coche. Ocasionó un accidente. Me informaron de que había sido una colisión frontal. Stuart murió en el acto. Dos personas fallecieron en la colisión cuando él se estrelló contra su coche.

El Tribunal indicó que lo sucedido era culpa mía. ¿Cómo se atrevían a decir que lo sucedido era culpa mía? Recuerdo las palabras de mi madre… "No es una buena persona, es un borracho que me está arruinando la vida". No merecía la pena como persona.

El juez dijo que yo era responsable de la muerte de mi marido y de las dos personas fallecidas en el accidente ya que no había hecho nada para evitarlo. El juez indicó que era mi responsabilidad llamar a la policía o intentar hacer algo para evitar que mi marido condujese bajo los efectos del alcohol. ¿Cómo iba a ser esa mi responsabilidad?

El Tribunal me acusó de negligencia criminal[33] causando el fallecimiento de otras personas. Fui enviada a la cárcel.

¡Ya no puedo más!

Éste es el FIN.

---

[33] Ver Anexo B para consultar la definición de Negligencia Criminal.

PREGUNTAS

1) ¿Qué información relevante contiene el informe a cerca de por qué Laura se suicidó?

Sí ___ No ___

¿Que información se requiere para esclarecer el suicidio?

_____
_____
_____

2) ¿Debía Laura haber sido declarada culpable de negligencia criminal por causar la muerte a terceros?

Sí___ No___

¿Por qué?

_____
_____
_____

AUTO-EVALUACIÓN

Tiene la oportunidad de hacer una auto-evaluación después de leer los casos tratados dentro del apartado "Bueno o Malo".

Indique la puntuación que crees merecer según:

1) La Identificación de los temas tratados en éste capítulo.   ___
2) Sugerencias y comentarios que hayas hecho.   ___
3) La persona que toma las decisiones.   ___

       TOTAL: ___

Puedes puntuarte desde la nota 0 (la más baja) a 5 (la más alta). Esto es un juego. Recuerda que no hay respuestas correctas o incorrectas.

CAPÍTULO 9

PROBLEMAS

LA PESADILLA DE LOS PADRES

BOLETÍN DE NOTÍCIAS

Los ciudadanos de Torcia están en estado de shock tras la agresión sexual violenta y asesinato de una niña de trece años en la Escuela Woodland. Un adolescente de diecisiete años ha sido acusado de agresión sexual y asesinato tras este incidente. Cinco mil personas de la ciudad de Cabar, donde se encuentra la escuela, salieron a la calle para rendir homenaje a la joven, Anna Duncan. La gente reclamó solicitando que el estado revisara el sistema judicial de adolescentes infractores.

Anna Duncan era una estudiante en un internado privado que se encontraba a doscientos kilómetros de la casa de Anna en Leids. Anna era hija única y era motivo de orgullo y de alegría para sus padres. Los estudiantes de la escuela dijeron que Anna era una chica bien educada, muy amable y sociable.

Los padres de Anna son ambos médicos. Nos dijeron que la matricularon allí debido a la buena reputación que caracterizaba a la Escuela mixta de Woodland, la cual parecía ofrecer una educación abierta y liberal.

El sospechoso del asesinato, Jeremy X, es de Salim. Su padre ejerce como profesor en un colegio de Educación Secundaria y su madre, trabaja como contable. Jeremy tiene dos hermanas pequeñas de diez y once años de edad.

Las noticias nacionales supieron que el supuesto agresor, Jeremy X, estaba sometido a la supervisión judicial por otro delito incluyendo la agresión sexual de la niña de doce años dos años antes, cuya fecha del juicio había sido ya concertada.

El portavoz de la Escuela Woodland indicó que la escuela se encontraba conmocionada por este incidente y estaba trabajando junto con el servicio de la policía en la investigación. Se indicó que la escuela concedería toda la asistencia posible a la familia para poder enfrentarse a esta tragedia tan horrible.

VERSIÓN DE LOS HECHOS PRESENTADA POR LOS DRES. DUNCAN

Recíbi una llamada de la policía nada mas llegar a casa tras finalizar el turno en el hospital. El oficial me pregunto si podía venir a mi casa a hablar con mi esposa y conmigo acerca de nuestra hija Anna. Le dije que ambos estábamos en casa y que podían venir cuando quisieran.

No tenía ni la más remota idea del motivo por el cual querría la policía hablar con nosotros acerca de Anna, pues ella estaba en el colegio internada. La habíamos llevado a la escuela tres semanas antes y habíamos estado recibiendo sus mensajes semanalmente para decirnos como estaba y nos hizo saber que todo iba bien. Su último mensaje del fin de semana fue que estaba atareada pero que sacaba algo de tiempo para desconectar del estudio con sus nuevos amigos.

En una hora, dos oficiales de policía llegaron a nuestra casa. No se demoraron mucho en darnos la mala noticia: "Sentimos profundamente tenerles que comunicar esto, pero"…

De repente me dio un vuelco el corazón. ¿Qué podía ir mal?

El agente prosiguió, "Anna ha sufrido un deceso inesperada". Hizo una pausa como esperando a que yo me pronunciara.

"No, Anna está en el colegio", le dije al agente. El segundo agente se hizo cargo de comunicarnos detalladamente la noticia. Compartiremos con ustedes lo que sabemos del incidente. Desconocemos todavía muchos detalles. Se está investigando lo ocurrido. No obstante, les comunicaremos lo que ya sabemos".

El agente nos explicó que la mochila del colegio de Anna había sido encontrada cerca de una de las puertas principales de la escuela. El agente dijo que no había ninguna duda de que la mochila perteneciese a Anna, puesto que en su interior se hallaba su cartera y su cámara de fotos. El agente indicó que el hombre que encontró la mochila afirmó que estaba situada allí delante de la escuela como si alguien hubiera tenido la mera intención de que fuese descubierta a propósito.

El primero de los agentes nos dijo que un adolescente de diecisiete años, Jeremy X, había sido detenido por ser el principal sospechoso del asesinato de Anna. El agente dijo que las fotos que contenía la cámara de Anna reflejaban la evidencia de la muerte de Anna, pero que la policía no había podido dar con el cuerpo todavía. Aunque la policía compartió algunos de los detalles referentes a la investigación con nosotros, no tenían la certeza de compartir demasiada información hasta que no se hubieran presentado más cargos contra el joven.

Yo me encontraba en estado de shock. "No, no puede ser Anna. No me creo lo que me está contando. Le repito, esto no es verdad. Ana está en el colegio internada".

Mi esposa, Lori, estaba llorando y sosteniendo mi mano mientras la policía se marchaba. Todo estaba pasando demasiado rápido, sonaba cruel, era demasiado apático. Antes de que se marcharan, uno de los agentes nos dio una tarjeta con un número de teléfono al que podríamos llamar las 24 horas. Este número de teléfono ofrecía un servicio de asistencia a las víctimas y familiares para ayudarles en cualquier momento. Sin más, nos dejaron solos en un estado de desesperación inimaginable.

"Nuestra Anna asesinada. No puede ser cierto".

Supimos al poco rato que la información era verdad. La primera llamada telefónica fue de la escuela. "Dr. Duncan, lamentamos informarle de un incidente que ha ocurrido esta mañana en el que se ha visto involucrada su hija. La policía está investigando los hechos del caso".

La próxima llamada vino de la emisora local de radio. "Dr. Duncan, sentimos lo ocurrido"…

Entonces, recibimos una llamada de la emisora nacional de televisión. "Dr. Duncan, nuestras más sinceras condolencias a usted y a su mujer. Sentimos profundamente la muerte de su hija. Suponemos que la policía les ha informado de que un sospechoso está detenido. Entendemos que es un joven residente en la escuela donde se encontraba internada su hija".

Los mensajes y las llamadas telefónicas eran constantes. Mi cabeza no paraba de darme vueltas. Lori intentaba mantenerse en pie.

Quería gritar, "¡Déjenme solo! ¡Tengo que encontrar a Anna!"
No grité. Estaba demolido.

Por desgracia, tras la visita de la policía y las llamadas telefónicas, el mensaje era claro. Anna había sido asesinada por un chico de la Escuela Woodland. Anna, nuestra querida hija, la habíamos perdido para siempre. Nuestras vidas nunca volverían a ser lo mismo.

El día siguiente a la tragedia, se nos solicitó a Lori y a mí que acudiéramos a la comisaría de policía para que se nos informara de las novedades acerca de la muerte de nuestra niña. Se nos dijo que Anna había ido a una zona del bosque cercana a la escuela con un chico de diecisiete años llamado Jeremy X.

La mochila escolar y la cámara habían sido encontradas en la puerta del colegio por el Sr. Stubbs, el cual estaba visitando la escuela para ir a ver a su hijo. Esa puerta comunicaba directamente con un camino que llevaba al bosque, el bosque donde el chico había agredido a Anna. El chico dijo a la policía que Anna había ido allí con su consentimiento con la intención de ir a buscar setas alucinógenas. El agente indicó que su versión estaba verificada por las fotos registradas en la cámara de Ana.

¿Por qué había salido al bosque con este chico? Anna tenía tan solo trece años. Era demasiado joven para salir sola con un chico. Era demasiado jovencita para saber qué eran las setas alucinógenas.

Cuando la policía miró en las fotos de la cámara, encontraron un video que revelaba una escena de horror y violencia. Las imágenes de la cámara mostraban lo que había sucedido el día que Anna fue asesinada y proporcionaron suficientes pruebas para condenar a Jeremy X.

Aunque hubiese sido fácil para cualquiera borrar las fotos tomadas, la policía nos hizo saber que las fotos estaban intactas y que eran aterradoras. Al parecer Jeremy X quería que el mundo viera el video el asesinato de la joven. Jeremy creó su propia película de terror.

La grabación en video mostraba lo que le había sucedido a Anna atada y amordazada a un árbol. Se veía su cara magullada así como la sangre derramada de su ingle cuando el asesino insertó herramientas de metal en sus genitales. Puede que sea un doctor, pero también soy el padre de Anna. El video era lo más cruel, despreciable e inhumano que puede existir. Estaba horrorizado y sentí que me moría de la tristeza, no podía soportar ver todo aquello.

Anna había sido asesinada por un monstruo. Nuestra pequeña había sido golpeada, agredida, torturada, violada y asesinada por un monstruo.

INFORME FINAL

El informe final sintetiza la información archivada en el departamento de Justicia e incluye informes que contienen información sobre educación y sanidad.

Torcia es una sociedad con límites distintos entre sí por lo que respecta a la educación, la justicia y los servicios sanitarios. Cada sistema opera dentro de un departamento separado y como entidad independiente. Cada departamento actúa independientemente de las autoridades del Estado de Torcia.

Los departamentos tienen sus propios códigos de conducta basados en las normas de la sociedad de Torcia; vida, libertad y seguridad de cada individuo. Torcia ha establecido códigos de conducta para respetar la libertad de expresión, religión, igualdad de género y privacidad.

La ley que hace referencia a compartir información entre los tres sistemas está basada "según las necesidades de la circunstancia", más que por una divulgación directa. Ello requiere que el sistema precise de información suficiente para probar por qué y con qué propósito se solicita dicha información. La información es compartida en base continuada entre los tres sistemas, pero el proceso puede ser prolongado y paulatino.

Torcia respeta el derecho a la privacidad del individuo. La divulgación de información requiere una autorización por escrito de la persona o personas cuyos derechos estén siendo afectados, o bien mediante la orden de un Tribunal por la divulgación de información específica basada en el interés público.

INFORMACIÓN PROPORCIONADA POR EL DEPARTAMENTO DE JUSTICIA

Jeremy X proporcionó información a la policía acerca de donde se encontraba el cuerpo de Ana. Siguiendo la investigación policial del delito, Jeremy X fue acusado por dos delitos penales: agresión sexual violenta y asesinato.

La infancia de Jeremy X fue una infancia tranquila hasta que empezó su adicción a las drogas a los trece años. Dos años antes, Jeremy X fue detenido y acusado por delito de agresión sexual a una chica de doce años. Se presupone que la llevó al parque, la amordazó y la ató a un árbol con la intención de violarla. Su intención de hacerle daño fue interrumpida por una llamada telefónica de su madre diciéndole que tenía que volver a casa porque había pasado algo en casa y que había una emergencia. Eso fue lo que paró la agresión por su parte. Los padres de la chica denunciaron el incidente a la policía y Jeremy X fue acusado por agresión sexual causando daños físicos.

Debido a la gravedad de la agresión a la niña de doce años, Jeremy X estuvo bajo custodia durante cuatro meses antes de su enjuiciamiento. Se declaró no culpable y se fijó la fecha la del juicio y las condiciones de su libertad vigilada fueron constituidas.

Informes utilizados por el juez referentes a fijar las condiciones de la libertad vigilada habían estad analizadas y constituidas por un psicólogo y un psiquiatra. Ambos informes indicaban que Jeremy X debería ser trasladado a un lugar alejado del área donde la agresión había sido cometida, así como un seguimiento previo al juicio, por parte de los dos médicos que habían analizado el caso.

Los informes indicaron que Jeremy X no era un peligro para la sociedad y que podía ser reintegrado en una escuela convencional. Fue preciso que la familia de Jeremy buscara una escuela cercana a su nuevo hogar.

Jeremy X tenía antecedentes penales por posesión de hachís y cocaína. Al ser condenado por estos cargos se requirió que asistiera a cursos de adicción al alcohol y a las drogas. No hay información que demuestre que había completado esos cursos.

Los agentes de policía que se ocuparon del delito cometido hace dos años, recopilaron información del ordenador personal de Jeremy, el cual mostraba que era un internauta que frecuentaba páginas Web en las que aparecía información relacionada con divinidades demoníacas. Esa información no fue compartida con la Escuela Woodland, puesto que fue archivada en el Departamento de Justicia para su uso en el juicio correspondiente a dicho delito.

La Escuela Woodland estaba al corriente de que Jeremy X estaba bajo supervisión judicial. No se informó a la escuela de los detalles del caso en el que Jeremy había sido acusado.

Tampoco se informó a la escuela a cerca de la agresión cometida a la chica de doce años de edad y mucho menos los informes detallados por el psicólogo y el psiquiatra, los cuales hacían un seguimiento a Jeremy.

INFORMACIÓN PROPORCIONADA POR EL DEPARTAMENTO DE EDUCACIÓN

Cuando sucedió el asesinato de Anna, había quinientos estudiantes en la Escuela Woodland los cuales oscilaban entre los doce y dieciocho. Jeremy X estaba en el penúltimo curso y Anna Duncan en dos cursos anteriores.

Un informe escolar mostró que un mes antes del ataque a Anna, Jeremy X y varios chicos fueron llamados ante la Administración Interna del Colegio por comportamiento indebido hacia niñas del colegio. Las agresiones verbales habían sido testificadas por una profesora que afirmó que los chicos seguían a un grupo de chicas susurrando "gatitas, gatitas, gatitas". El informe indica que Jeremy X era el líder del grupo de chicos que cometieron la agresión verbal. Videos de vigilancia también registraron chicos que perseguían a las chicas en el patio de la escuela.

El Departamento de Psicología de Woodland proporcionó un informe del psicólogo de la escuela, el Dr. Bauer. El informe de Bauer indicaba lo siguiente:

Jeremy X era un adolescente que estaba teniendo problemas a la hora de relacionarse y tratar a las chicas. Le está resultando complicado reconocer su atracción por el sexo opuesto. Como resultado, el chico llega a ser demasiado agresivo con las chicas. Esta anomalía era considerada un comportamiento dentro de una etapa normal en la adolescencia. Sin embargo, en el caso de Jeremy debía de ser analizado y supervisado. La escuela tenía el deber de proporcionar mediante los servicios sanitarios, una vía a través de la cual Jeremy pudiese expresarse sin hacer uso de la violencia verbal hacia el sexo opuesto. Creo firmemente que hacer partícipe al adolescente en las actividades extraescolares relacionadas con el deporte, sería una manera factible de reintegrar al chico al sistema educativo y hacer posible una mejora en la interrelación con las chicas.

Jeremy X podría considerarse como un chico introvertido que pasa muchas horas jugando a videojuegos y mirando películas en su ordenador.

El informe Bauer trata acerca de entrevistas a profesores de Woodland quienes proporcionaron informes contradictorios acerca de Jeremy X. Un profesor indicó que Jeremy X era un mentiroso patológico, puesto que les contaba historias inventadas a los profesores y a sus compañeros y todo tipo de cosas que no eran ciertas. Un profesor afirmó que Jeremy dijo que había vivido en Polonia durante varios años. Tras esta afirmación, el profesor indagó en el historial de la madre de Jeremy, en el cual pudo comprobar que las afirmaciones de Jeremy eran falsas. Jeremy había vivido en Torcia toda su vida. Otro profesor afirmó que Jeremy era un chico educado, con un don en los ordenadores y en la interpretación. Indicó que a Jeremy le gustaba inventarse historias, las cuales en su opinión, mostraban que el chico tenía una mente muy creativa.

INFORME PROPORCIONADO POR EL DEPARTAMENTO DE SANIDAD

Los informes del Departamento de Sanidad muestran que Jeremy había sido atendido en diversas ocasiones que había requerido asistencia médica. Dichos informes contienen información autodeclarada acerca de su actividad sexual. Los informes indican que había sido un chico sexualmente activo con un chico y una chica de la escuela. Los informes de sanidad muestran que Jeremy acudió a los servicios médicos de la escuela y que había sido prescrito con herpes genital. Esta información era considerada privada, por lo que no fue compartida ni con el Dr. Bauer ni con el Departamento de Justicia.

EL DR. DUNCAN PROPORCIONÓ LA SIGUIENTE CARTA AL BOLETÍN DE NOTICIAS DEL ESTADO

He estado teniendo pesadillas desde que la policía me comunicó que mi hija Anna había sido asesinada.

Nada parece poner fin a las pesadillas. Cada noche veo a mi niña amordazada y atada a un árbol. Sus labios están sangrando. Ella está gritando. Un hombre la apuñala con cuchillos. Quiero correr hacia ella, pero no puedo moverme.

Hay un grupo de padres situados a su alrededor. Puedo ver el miedo en sus ojos. Me despierto cubierto de sudor. Estoy despierto pero la pesadilla continúa.

¿Por qué el sistema judicial de Torcia y la escuela fracasaron a la hora de velar por la seguridad de nuestra niña?

¡Por favor, hagan algo para acabar con esta pesadilla!

PREGUNTAS

Se requiere que proporcione ideas para ayudar a la sociedad de Torcia:

1) Tras leer este caso, ¿Qué problemas puede identificar en el sistema de educación?
_____
_____
_____

2) ¿A partir de esta historia, deduces que el sistema judicial funciona correctamente o todo lo contrario?

_____
_____
_____

3) A partir de esta historia, ¿Contribuye a fomentar los delitos de Jeremy X el funcionamiento del sistema de justicia penal?

_____
_____
_____

4) ¿Fueron los médicos capaces de identificar los problemas de Jeremy X?

_____
_____
_____

5) ¿Crees que Torcia proporciona una comunicación adecuada entre los departamentos de educación, justicia criminal y los sistemas de atención de salud?

_____
_____
_____

RONNIE X

Ronnie X es uno de los nuevos criminales de Torcia. Su apariencia física era atractiva y llamaba bastante la atención, aunque sus crímenes eran de lo más común, robos varios.

El pelo de Ronnie era oscuro y estaba adornado con gomina brillante. Llevaba camisetas de tirantes, vaqueros apretados, una chaqueta de cuero y unas botas que le hacían tener un aspecto muy similar al personaje de televisión, Fonzie. Una apariencia muy distinta a la de un adolescente. También adoptó las maneras de Fonzie actuando como un tipo valiente y atractivo.

Ronnie pertenecía a una familia de clase media. Sus padres hicieron lo posible por darle las necesidades básicas e intentaron que no le faltara de nada. No obstante, no tenían dinero para comprarle los juguetes de última tendencia, o los nuevos aparatos electrónicos. Ronnie quería objetos que veía anunciados en los periódicos de Torcia y en televisión. Él quería bicicletas, ropa de deporte, móviles y aparatos electrónicos varios. Desafortunadamente, Ronnie X no tenía ingresos para comprar esos productos legalmente.

La primera vez que Ronnie y sus padres asistieron a la oficina de un abogado, Ronnie había robado una bicicleta. Sus padres estaban muy decepcionados porque su hijo había robado una bicicleta que se encontraba a la venta en un comercio en su propio vecindario. Ronnie reconoció que no debía haber robado la bicicleta. Su respuesta a las palabras del abogado fueron: "¡Ya se que estuvo maaaaal!"

Ronnie preguntó al abogado si el Tribunal le enviaría a prisión; al parecer, a Ronnie le aterraba la idea de ingresar en la cárcel.

El abogado sabía que era el primer delito de Ronnie, por lo que era improbable que fuese ingresado en prisión. El abogado dijo que haría todo lo que estuviera en sus manos para conseguir una buena condena para Ronnie. Cuando se presentó ante el Tribunal, el juez le hizo una advertencia y le dejó marchar a su casa.

Ocho meses después, Ronnie volvió al gabinete de abogados. Esta vez había robado unas deportivas, las más nuevas de Ebox del mercado. Ronnie le dijo al abogado que los zapatos eran "lo más" y que los quería para impresionar a sus amigos. Sus padres estaban presentes en la entrevista. Las declaraciones de Ronnie delante del abogado y de sus padres fueron: "Esa empresa de deporte gana muchísimo dinero. Ellos no necesitaban las deportivas y pensé, ¡Ahhhh mías!

Los padres de Ronnie dijeron que no sabían que hacer con Ronnie al respeto y que tenían la esperanza de que al crecer superaría esta etapa complicada. Dijeron que Ronnie era un niño normal, pero que había coincidido con un grupo de niños malos en la escuela. El abogado supo que Ronnie los engañaba constantemente puesto que éste cometía los robos por su cuenta y los informes indicaban que otros chicos no estaban implicados en absoluto en los robos.

Tras haber salido del gabinete de abogados, Ronnie decidió compartir su punto de vista acerca del sistema judicial del menor con el abogado: "Buaaa, tienes que ponerte al día tío.

He hablado con mis amigos y ya me han dicho lo que pasa. ¡Los jueces no me enviarán a la cárcel!"

El abogado observó que la actitud de Ronnie había cambiado y que había perdido el respeto a la ley y que su actitud era desafiante. Ronnie prosiguió diciendo lo que pensaba del sistema judicial del menor, "¡Es un cachondeo! Todos lo sabemos. El sistema es tan inútil. Podría robar un banco y sería condenado a una sentencia ridícula. ¡No robé un banco, tranquilo!"

El abogado dijo que a menos que dejara de quebrantar la ley, llegaría un punto en el que al Tribunal no le quedaría más opción que enviar al chico a la cárcel. Ronnie se rió y contestó: "Tú eres un buen abogado, no permitirás que me envíen a la cárcel".

Ronnie volvía a la oficina del abogado cada ocho meses como un reloj. El abogado consiguió obtener las mínimas condenas posibles en todas las ocasiones. No obstante, tras una advertencia, la libertad condicional, una pequeña multa, otra de cuantía superior a la anterior y la libertad vigilada.

Ronnie quebrantó la libertad vigilada cometiendo otro robo. Había robado los smartphones más novedosos de unos grandes almacenes. Su abogado le dijo que esta vez era probable que fuese enviado a la cárcel, pero Ronnie se echó a reír.

Debido al incumplimiento de la libertad vigilada y al robo de los smartphones, Ronnie fue sentenciado a quince días de cárcel.

Eso implicaba que debía registrar sus entradas y salidas cada mañana y cada tarde-noche, dormir en el centro penitenciario, en el cual se encargarían de darle las comidas durante quince días.

Para Ronnie el sistema había pasado a ser un simple juego. El abogado se dio cuenta de que no le estaba haciendo ningún favor a Ronnie al conseguirle condenas mínimas, pero también era consciente de que era su trabajo.

PREGUNTAS

RONNIE X

El sistema de justicia criminal de Torcia le pide que proporcione sus ideas para construir un sistema más eficaz para hacer frente a los delincuentes juveniles.

¿Qué se puede hacer?

1) En su hogar:

_____

_____

_____

2) En sus escuelas:

_____

_____

_____

3) Por parte de la policía:

_____

_____

_____

4) Por parte de sus abogados:

_____

_____

_____

5) Por parte de los Tribunales:

_____

_____

_____

6) Por los centros de privación de libertad:

_____

_____

_____

7) Por las agencias de noticias:

_____
_____
_____

8) Por las redes sociales:

_____
_____
_____

VIAJE EN EL TIEMPO

Es el año 1757. Tras ser destituido del servicio miliar en la armada de Torcia, Damiens llegó a ser un empleado doméstico en la universidad de Goldsuits en Rehna. Damiens había sido destituido de su cargo y de otros servicios debido a su mala conducta.

Damiens planeó asesinar el rey vigente de Torcia a causa de la incapacidad del Rey de controlar el Estado y los burócratas. El intento de asesinato de Damiens fracasó. Damiens fue arrestado inmediatamente tras el incidente y no intentó darse a la fuga. El juicio fue rápido.

Según el Congreso de Torcia, la audiencia del imputado dictaminaba que Damiens sería condenado por tentativa de regicidio, condenado y descuartizado en un lugar público. Se consideraba que era importante que el pueblo fuera testigo del castigo que se imponía a aquellos que intentaban quebrantar la ley por los propósitos de disuasión o aquellos que intentaran reducir el poder del Rey.

Su comportamiento fue calmado. Sus palabras en el Congreso de Torcia fueron breves: "La gente quiere espectáculo. Quieren que les entretengan. Yo seré ese entretenimiento".

Damiens fue llevado a la plaza principal de Rehna, donde fue físicamente torturado para obtener información acerca del crimen y prepararlo para la ejecución. Su castigo empezó desgarrándole piel de su pecho, brazos, muslo y de sus pantorrillas con pinzas gigantes ardiendo. Todo esto era llevado a cabo mientras sostenía con su mano derecha el cuchillo con el que había intentado matar al Rey. El cuerpo de Damiens fue quemado utilizando dióxido sulfúrico, cera líquida y aceite hirviendo, derramado en las heridas.

Como lo ordenó el Congreso de Torcia, Damiens fue sentenciado y descuartizado. Se ataron caballos a sus brazos y piernas para conseguir su desmembramiento. Cuando las articulaciones no se rompían todavía, la gente gritaba impaciente. Querían escuchar como se rompían los huesos y sus gritos de desesperación. El Congreso de Torcia ordenó que finalizaran el proceso de ejecución cortando sus extremidades.

Tras el aplauso de la gente, Damiens fue descuartizado. Su tronco, aparentemente en vida, fue quemado en la hoguera y sus cenizas llevadas por el viento[34]. ¡La gente aplaudía y gritaba emocionada!

---

[34] El fragmento de esta historia está inspirado en los escritos de Michel Foucault y sus trabajos sobre disciplina y castigo junto con la historia del intento de asesinato a Louis XV de Francia por el asaltante Damiens.

EL VIAJE EN EL TIEMPO CON DAMIENS CONTINUA -

DAMIENS ES EL MISMO TIPO DE PERSONAJE PERO CON UNA NUEVA

IDENTIDAD

Damiens provenía de una familia poderosa. Asumió tomar la iniciativa de dirigir su país como lo había hecho su familia durante muchos años. Damiens gobernó y fue aceptado como líder durante muchos años. Había nacido en una familia poderosa a raíz de la explotación y desarrollo de las reservas naturales de Torcia. Prestó sus servicios en lo equivalente a ese momento a las fuerzas armadas durante tres meses, como muestra de la devoción que sentía hacia su país. Sus tan alardeadas riquezas dieron lugar a la construcción de grandes casas y la apropiación de tierras de gran embergadura.

Damiens fue respaldado por otros países hasta que las revueltas empezaron a sucederse ya que él buscaba expandir sus territorios y su poder alrededor del mundo. La gente pudo conocer las actividades que llevaba a cabo Damiens para conseguir más poder territorial creando listas negras de países que estaban en desacuerdo con el mediante el asesinato de aquellos que no estuvieran de acuerdo con las políticas de su país y del sistema económico del mismo.

La gente supo que había librado guerras contra otros países para apoderarse de más territorios.

Gente de todo el mundo suigió su detención, su juicio y su condena por la televisión. La gente ignoraron por completo sus llantos cuando fue arrestado, durante el juicio y posterior ejecución. Escucharon las desalentadoras voces de sus ejecutores. La gente escuchó las palabras de los políticos, las cuales incentivaron y ordenaron su ejecución. Se informó a la población de que este hombre había cometido crímenes contra la humanidad y que era acusado de matar a sus propios compatriotas por poder y dinero.

Se comunicó que Damiens era una amenaza para el mundo porque tenía en su poder armas de destrucción masiva. La sociedad de Torcia afirmaban haber escuchado hablar de los hechos anteriormente en las noticias nacionales, por lo que tenían la certeza de que era verdad.

La gente empezó a impacientarse y no querían esperar a que se determinara que tipo de armas tenía bajo su poder, si fuese cierto. Estaban convencidos de que Damiens era una amenaza para la sociedad y fue condenado a ser ahorcado.

Su comportamiento fue calmado. Sus palabras en los medios de comunicación fueron breves: "La gente quiere espectáculo. Quieren que les entretengan. Yo seré ese entretenimiento".

VIAJE EN EL TIEMPO – CIBERESPACIO

DAMIENS ES EL MISMO PERSONAJE PERO ADOPTA UNA NUEVA IDENTIDAD

Damiens es un fotógrafo en cuyas fotos se muestra la diversidad de razas, religiones, edades y culturas. Fotografía a los ricos, los pobres, la belleza y lo opuesto a ella. Publica escritos detrás de cada captura y distribuye su trabajo por todo el mundo.

Damiens fue arrestado por agresiones sexuales y por traición. Su detención causó indignación por todo el mundo. Peticiones solicitando su liberación inmediata fuero enviadas desde muchas partes del mundo a través de Internet. La población fue testigo de su detención y de su libertad bajo fianza y se enteraron de las estrictas condiciones a las que debía someterse para asegurar que no se librara de la jurisdicción a la que había sido condenado.

El caso era complejo; la gente no podía decidir si Damiens era un buen hombre, un criminal, o quizás ambos.

La mujer, Luscious Lorna, entró en la habitación de Damiens. Ella entró en su dormitorio donde Damiens había acabado de tomar una ducha y se preguntó si Luscious Lorna formaba parte del personal del hotel. Pensó que quizás sería una prostituta espía enviada para controlarle.

También había un hombre o una mujer en la sombra detrás del ordenador de Damiens registrando los archivos de su ordenador.

Damiens dijo: "¿Por qué está usted en mi habitación?"

Luscious Lorna contestó: "Entré para"...

"¿Quién eres? ¿Quieres algo que tiene que ver conmigo... no? ¿Qué quieren de mí? ¿Qué están buscando?

Luscious Lorna se acercó. El hombre o mujer que podía apreciarse en la oscuridad detrás de su ordenador estaba transfiriendo archivos y borrándolos del ordenador. Luscious Lorna se acercó aún más a Damiens. Ella abrió la bata que llevaba ocultando la identidad del hombre o la mujer que estaba detrás del ordenador.

El siguiente encuentro con Luscious Lorna y la persona que se encontraba detrás del ordenador fue en una denuncia en la que aparecían sus respectivos nombres acusándolo de traición y agresión sexual.

El Departamento de Justícia del Estado de Torcia comunicó que había dos testigos, Luscious Lorna y X. Ambos serán llamados a comparecer como testigos en el juicio de Damiens. X ha solicitado la protección de testigos al Estado y por lo tanto, su nombre no puede ser revelado.

Damiens fue llevado ante los Tribunales por los cargos de agresión sexual y traición.[35]

Su comportamiento fue calmado. Sus palabras en los medios de comunicación antes del juicio fueron breves: "La gente quiere espectáculo. Quieren que les entretengan. Yo seré ese entretenimiento".

---

[35] Ver Anexo B para consultar la definición de traición.

REINVENTA LA HISTORIA

Le ha sido confiada solo una pequeña parte de la información sobre Luscious Lorna y la identidad X. Se le pide que recree la historia indicando qué estaban haciendo exactamente Luscious Lorna y X en la habitación de Damiens haciendo uso de tus conocimientos sobre política y sobre las noticias y sucesos que ocurren en el estado donde viviste anteriormente antes de llegar a ser ciudadano de Torcía.

CREA TU PROPIA HISTORIA SOBRE QUIENES FUERON LUSCIOUS LORNA, X y DAMIENS.

1) ¿Quién era Luscious Lorna?

_____
_____
_____

2) ¿Qué estaba haciendo Luscious Lorna en la habitación de Damiens?

_____
_____
_____

3) ¿Quién era X?

_____
_____
_____

4) ¿Qué estaba haciendo X en la habitación de Damiens?

_____
_____
_____

5) ¿Por qué Torcia alega que Damiens fue acusado de traición?

_____
_____
_____

6) ¿Proporciona esta historia información sobre las noticias para los ciudadanos de Torcia?

_____
_____
_____

7) ¿Transmite la historia un mensaje referente al castigo?

_____
_____
_____

- Delito Cibernético en auge.

- Violencia contra la Mujer.

- Dos prisioneros heridos en disturbios.

- Guerra contra las Drogas.

- Prisioneros a la fuga.

- Las estadísticas de delitos.

- Violencia contra ancianos.

- Niño desaparecido.

- Los estudios demuestran que los crímenes causados por el odio aumentan cuando los niños no tienen creencias religiosas.

- Marcha contra la violencia de pandillas.

- Robo mediante distracción en auge.

Proporciona tus ideas en relación a lo que los ciudadanos de Torcia deberían hacer en estas situaciones.

_____
_____
_____

AUTO-EVALUACIÓN

Tiene la oportunidad de hacer una auto-evaluación después de leer las historietas dentro del apartado "Problemas".

Indica la puntuación que crees merecer según:

1) Identificación de los temas tratados en éste capítulo.   ____
2) Sugerencias y comentarios que hayas hecho.   ____
3) La persona que toma las decisiones.   ____

       TOTAL: ____

Puedes puntuarte desde la nota 0 (la más baja) a 5 (la más alta). Esto es un juego. Recuerda que no hay respuestas correctas o incorrectas.

CAPÍTULO 10 – EL NUEVO CAMINO

La gente de Torcia ha hablado. Ellos dicen que quieren algo diferente.

Le brindamos la oportunidad de ayudar al Estado de Torcia con sus ideas y sugerencias.

¿Qué sugerencias destacaría?

_____
_____
_____

¿Cree que se debe crear un sistema que refleje la voluntad de la comunidad?

_____
_____
_____

¿Considera que debe crearse un sistema que refleje más igualdad?

_____
_____
_____

¿Qué procedimientos considera válidos en el actual modelo de justicia penal en el funcionamiento del sistema judicial de Torcia?

_____
_____
_____

¿Eres partidario de la reincidencia de los delincuentes en la sociedad o de lo contrario consideras que deben permanecer encarcelados?

_____
_____
_____

¿Quiero un sistema de justicia restaurativa que reconoce las necesidades de las víctimas y los delincuentes?

_____
_____
_____

¿Cree que el sistema judicial refleja la opinión pública?

_____
_____
_____

¿Crees que los programas de televisión proporcionan información destacada sobre el sistema de justicia criminal?

_____
_____
_____

¿Cree que los estudios jurídicos televisados proporcionan información a la sociedad?

_____
_____
_____

¿Crees que los programas televisados en los que se tratan casos jurídicos proporcionan entretenimiento a la población?

_____
_____
_____

¿Deberíamos dejar el sistema judicial en manos de los profesionales que escriben, interpretan o hacen cumplir las leyes, o bien por todos los profesionales del ámbito jurídico?

_____
_____
_____

¿Qué debe hacer Torcia con los ciudadanos que no cumplen la Ley?

_____
_____
_____

¿Considera que seguirá existiendo la necesidad de disponer de cárceles en Torcia?

_____
_____
_____

¿Qué modelo judicial considera que sería el más idóneo?

- El modelo actual ___
- Un nuevo camino ___
- Una combinación de ambos ___

AUTO-EVALUACIÓN

Tiene la oportunidad de hacer una auto-evaluación después de leer las historietas dentro del apartado "El Nuevo Camino".

Indica la puntuación que crees merecer según:

1) Identificación de los temas tratados en éste capítulo.   ____
2) Sugerencias y comentarios que hayas hecho.   ____
3) La persona que toma las decisiones.   ____

       TOTAL: ____

Puedes puntuarte desde la nota 0 (la más baja) a 5 (la más alta). Esto es un juego. Recuerda que no hay respuestas correctas o incorrectas.

¿GANASTE?

❖ **Debe disponer de 100 puntos para ganar.**

❖ **Se acumulan 10 puntos por cada respuesta marcada con un "Sí".**

Leí el libro.	Sí ___ No ___
He hecho las preguntas.	Sí___ No___
Hice las decisiones solicitadas.	Sí___ No ___
Pensé en los motivos que impulsaron a los delincuentes a quebrantar la ley.	Sí ___ No___
Pensé en definiciones de víctima y agresor.	Sí___ No___
He aprendido algo sobre el crimen y el castigo.	Sí ___ No___
He aprendido algo a cerca del sistema judicial.	Sí___ No___
No puedo afirmar que "un castigo se ajuste a todas las personas"	Sí___ No___
Observé que los delincuentes fueron niños y niñas.	Sí___ No___
Me gustó el juego.	Sí___ No___

Su puntuación: ___

AUTO-EVALUACIÓN

Máximo de 150 Puntos

¿Cuál fue su puntuación? _____ / 150

ANEXO A

DESCRIPCIÓN DE LOS PRINCIPIOS DE SENTENCIAS EN CASOS LEGALES[36]

RETRIBUCIÓN: La necesidad de asegurar que el acusado es sancionado adecuadamente. La sentencia del acusado debería ser proporcional a la gravedad del delito y el grado de responsabilidad del acusado.

DISUASIÓN: Sanción para advertir al acusado y a otras personas de las consecuencias de la conducta criminal.

DISUASIÓN GENERAL: El acusado es sancionado con el propósito de impedir que otras personas cometan delitos similares.

DISUASIÓN ESPECÍFICA: Sanción impuesta para impedir que el acusado en cuestión no cometa delitos similares en un futuro.

REHABILITACIÓN: Este concepto significa reintegrar al acusado en un estilo de vida mediante formación y asesoramiento. Uno de los objetivos es tratar la causa subyacente de la conducta criminal del acusado. El concepto de rehabilitación da por sentado que las personas no son criminales intrínsecamente y pueden ser rehabilitadas a un estilo de vida útil del que puedan beneficiarse ellos mismos y la sociedad. Uno de los objetivos de la rehabilitación es impedir delitos habituales o la reincidencia.

JUSTICIA RESTAURATIVA: La justicia restaurativa o reconstituyente se centra en las necesidades de la víctima y los acusados así también como la comunidad. El acusado es alentado a aceptar su responsabilidad por su delito y a menudo remediar el dolor causado por dicho delito. Ejemplos de alivio del dolor son: la devolución de objetos robados, proporcionar servicios para la comunidad y enviar una carta presentando una disculpa.

*En Torcia cárceles y prisiones son lo mismo. En otros países cárceles y prisiones se diferencian por el tiempo de condena de los reclusos

---

[36] Se han escrito muchos libros sobre condenas y sobre los principios de determinación de las penas. Esta breve descripción provee al lector con un conocimiento general de los principios de determinación de las penas con tal de proporcionar al lector con respuestas a las preguntas tratadas en El Nuevo Camino - Casos Legales.

ANEXO B

INFORMACION DE EXTRAÍDA DE FRAGMENTOS DE LA LEY DE TORCIA

Este Anexo establece las leyes de Torcia: Estas leyes son las únicas reglas del juego que usted necesita para jugar. Torcia no le ofrece todo el conjunto de leyes, solamente lo que necesita para poder formar parte del juego.

La fuerza de la ley: Prevalece la Ley de Torcia y es la que tiene que aplicar únicamente para tomar decisiones en este libro. Estas leyes no tienen validez ni efecto alguno fuera del estado de Torcia, solo en este proyecto.

No es un requisito ser abogado o juez para entrar en este juego. El lector puede también jugar pero debe tener en cuenta que es una obra de ficción y no hay respuestas válidas o no válidas. El libro trata sobre cómo hacer justicia a todos los niveles. Los acusados y las leyes son ficticias y están creadas únicamente con el propósito de persuadir al lector requiriendo que comparta sus opiniones sobre el sistema legal de Torcia.

Conceptos de Sentencias en El Nuevo Camino-Casos Legales: Las condenas no especificadas en el texto, abarcan casos como el sobreseimiento libre, sobreseimiento provisional, multas, libertad condicional o cadena perpetua, entre otros. La cadena perpetua no es un castigo vigente en Torcia. El lector tiene la posibilidad de juzgar, aportar sugerencias y comentarios sobre la pena de muerte así como también sugerir una condena u otra. Es un proceso autodidáctico en el cual sus conocimientos y opiniones serán valorados y aceptados en cada condena.

Se requiere que los lectores reconozcan la profesionalidad de los que trabajan para la Ley en Torcia y otros países: letrados, abogados, académicos jurídicos, jueces y personas que trabajan en el sistema judicial penal.

A lo largo del libro, cuando se utiliza el plural debería entenderse como singular o viceversa. Así como también, el género masculino se podrá entender como femenino o una persona jurídica; del mismo modo al tratarse del género, número, o bien cuando el contexto lo requiera.

EXTRACTOS DE LAS LEYES DE TORCIA

ACOSO:

Torcia define acoso como cualquier de los siguientes actos:
    (1) Espiar a una persona o perseguir a una persona.
    (2) Adoptar medidas para contactar con una persona de cualquier modo, incluyendo vía telefónica, correo, fotografía o mediante cualquier comunicación electrónica o cualquier material audiovisual.
    (3) Intimidar, perseguir o acosar a una persona.

El delito de acoso se penaliza con un período máximo de diez años de cárcel. No hay pena mínima para este delito.

AGRESIÓN:

Cuando una persona emplea una agresión de manera perecedera contra otra persona, o causa que la otra persona crea que se va a producir una agresión contra ella.

AGRESIÓN CAUSANDO DAÑOS FÍSICOS:
Según La Ley de Torcia, se define como la agresión que causa daños físicos a una persona.

AGRESIÓN A LA PAREJA:
    (1) Cuando una persona
    (a) Intencionadamente ataca de manera de manera perecedera a su pareja;
    (b) Intencionadamente hace que la pareja crea que se va a producir una agresión de manera perecedera contra ella.

    (2) Para esta definición, por pareja entendemos: una esposa, un ex cónyuge, una persona con la que tiene hijos, una persona con la que está saliendo, o con la que tiene una relación sentimental, sin importar que esa persona sea del mismo sexo o no.
    (3) Un agresor declarado culpable de agresión a la pareja está obligado a cumplir una condena mínima de tres meses de encarcelamiento y una condena máxima de diez años.

ASESINATO:
Matar a una persona de manera premeditada.

CONDUCCIÓN IMPRUDENTE:
Cuando una persona conduce un vehículo sin considerar la seguridad y el bienestar de otras personas.

CONOCIMIENTO DE CAUSA:
Ser consciente de un hecho o de una información.

CONSENTIMIENTO:
Cuando una persona tiene el permiso de hacer algo.

CONTROL:
Cuando una persona tiene el poder sobre algo o de dirigir
    (a) el acto y el modo en que será llevado a cabo, o
    (b) el lugar donde un delito ocurre.

DAÑOS FÍSICOS:
Cualquier daño o lesión de manera perecedera a una persona.

DEFENSA PROPIA: VER LEGÍTIMA DEFENSA

DEFENSA DE TRAMPAS IMPUESTAS POR LA POLICÍA:
No existe una defensa de trampas impuestas por la policía para lidiar temas de narcotráfico en Torcia.

DICTAR UNA SENTENCIA DE MUERTE:
Una persona que de un modo u otro, expresa o pronuncia una amenaza de muerte o de daño físico a otra persona.

IMPORTACIÓN DE HEROÍNA:
Torcia impone una condena obligatoria de encarcelamiento por la importación de heroína. La condena tiene una pena mínima de cinco años y cadena perpetua de pena máxima; la condena está basada proporcionalmente a la cantidad de heroína importada.

HOMICIDIO:
El asesinato de una persona a otra sin meditación previa o deliberación.

LEGÍTIMA DEFENSA (DEFENSA PROPIA):
Cuando una persona es agredida y teme por su vida o por una agresión, en caso de no haber provocado la agresión, la persona puede repeler al agresor en su contra con la fuerza razonable para defenderse.

LIBERDAD SIN CARGOS: El acusado quedará libre bajo la advertencia escrita por el Tribunal.

LIBERDAD CONDITIONAL: El acusado quedará libre bajo las condiciones que usted, el tomador de decisiones, haya establecido.

MEDIACIÓN:

Un proceso de mediación en el cual una tercera persona asiste a una negociación entre las personas que han decidido resolver su conflicto. El propósito de esta mediación es ayudar a estas personas a alcanzar un acuerdo satisfactorio y aceptable para todos.

MUERTE CAUSADA POR UNA NEGLIGENCIA CRIMINAL MANEJANDO UN VEHÍCULO:

Cuando un ciudadano de Torcia está manejando un vehículo a motor, causa la muerte de otra persona debido a su negligencia o inhabilidad de manejar el vehículo; el culpable está obligado a cumplir una pena mínima de diez años y cadena perpetua como pena máxima.

NEGLIGENCIA CRIMINAL:

Cuando una persona tiene la obligación de actuar para asegurar la seguridad y el bienestar de terceros y fracasa al llevar a cabo dicho acto, o bien, no presta atención o es imprudente al cometerla contra otras personas.

NEGOCIACIÓN:

Una conversación entre dos o más personas con el propósito de alcanzar un acuerdo o resolución.

NOCIONES DE SENTENCIAS:

Las sentencias están especificadas en el texto y en caso contrario, varían entre sobreseimiento libre, sobreseimiento provisional, multas, libertad condicional o encarcelación de un día hasta la cadena perpetua. La cadena perpetua no es un castigo vigente en Torcia. El lector tiene la posibilidad de juzgar y aportar sugerencias y comentarios sobre la pena de muerte como sentencia. Es un proceso autodidáctico y tus conocimientos, opiniones y sugerencias en cada sentencia son valorados y aceptados.

OBLIGACIÓN:

Obligación legal según la cual se debe actuar de una manera predeterminada.

ORDEN DE ALEJAMIENTO:

La orden que prohíbe a una persona acercarse a otra.

PERSONA QUE PARTICIPA EN UN DELITO:

La persona que participa en un delito:
1) Comete el delito en realidad; o
2) Hace o no hace nada que impida a la otra persona cometer el delito.

PONER LA VIDA DE TERCEROS EN PELIGRO:

Cuando una persona es consciente de sus actos y actúa de manera que causa riesgos de muerte o daños físicos graves a otra persona.

La ley de Torcia impone un mínimo de tres meses de condena y un máximo de diez años de prisión por poner en peligro la vida de terceros.

POSESIÓN (LEYES DEL NARCOTRÁFICO EN TORCIA)

(1) Una persona tiene posesión de un objeto en los siguientes casos:
  (a) El objeto es de su propiedad;
  (b) Otra persona tiene la custodia del objeto;
  (c) Tiene el objeto bajo su control en un lugar concreto.

(2) Cuando una persona, a sabiendas de otros, tiene un objeto en su posesión. La Ley de Torcia, la Ley de Torcia establece que la posesión del objeto recae sobre todos.

TRAICIÓN:
Traición a la patria por librar la guerra a tu propio estado o ayudar a los enemigos deliberadamente.

TRATA:
Traficar objetos o bienes de una persona a otra.

MENSAJE DEL AUTOR

Vine a visitar España en 2005, me enamoré de España y ahora paso la mayoría del tiempo aquí. He trabajado con españoles, entre ellos una traductora y un fotógrafo, para llevar a cabo este libro. El libro nunca se ha publicado en español antes. Publiqué un libro, "The Judgement Game", en inglés en 2013, el cual utilicé como base para este libro. Aunque el tema de los dos libros es el mismo, he trabajado con la traductora y el fotógrafo, para escribir el libro en español. El libro puede emplearse para fines académicos y para trabajar el pensamiento crítico sobre el sistema de justicia criminal.

SOBRE LA AUTORA

Charalee Graydon nació en Alberta, Canadá. Posee títulos en Derecho, Ciencias políticas, Criminología, Literatura y Periodismo. Charalee fue premiada con la beca Rhodes en 1982 y realizó estudios de post-grado en la universidad de Oxford, Inglaterra. Ocupó cargos académicos en Inglaterra, Nueva Zelanda y Canadá, donde ejerció la abogacía. Elaboró programas para estudiantes, jueces y para el público en general. Ha publicado trabajos académicos en relación a temas legales, de criminología y condenas. Creó un curso en la Universidad de Alberta en sentencias y condenas, e impartió clases en dicha Universidad. Ha concedido entrevistas en los medios de comunicación, televisión y radio a cerca de los temas citados.

Ha publicado los siguientes libros en inglés: *The Judgement Game, Let's Play the Game* y *Can We Save the Human Race?*

SOBRE LA TRADUCTORA

Sara Alberich Sanz realizó sus estudios de Filología Inglesa en La Universidad Jaume I, en Castellón, España en 2007. Finalizó sus estudios en la Universidad Shawnee State University, Columbus, Ohio en 2011. Trabajó como profesora de Español en Toronto, Canadá en 2013. Ha colaborado en traducciones académicas en el Departamento de Publicaciones de la Universidad Jaume I. Actualmente trabaja como docente de la lengua inglesa.

SOBRE EL FOTÓGRAFO

Xesus Varela fotógrafo freelance premiado en varios concursos de fotografía y pintura en España, Anteriormente ha mostrado sus obras en diversos centros culturales y salas de exposiciones. Ha impartido cursos y talleres de fotografía.

Diseñador gráfico y multimedia.

Autor de varios cortometrajes publicitarios y comunicación.

AGRADECIMIENTOS

Quisiera expresar mi agradecimiento a Diego López Martínez por su introducción a la traductora, Sara Alberich Sanz, a Xesús Varela por la imagen de la portada y las fotografías del libro, a Steve Campbell por la fotografía de la autora, a Sara Alberich Sanz, la traductora, por su trabajo lidiando no tan solo con el lenguaje de la calle y los diferentes idiolectos, sino también su trabajo con el lenguaje jurídico y la terminología específica utilizada a lo largo de mi carrera profesional. Quisiera también agradecer a Idoia Martín Ugalde por sus sugerencias y aportaciones en la elaboración del libro.

Para mi amigo JOSE LUIS ARROYO. Un libro en su idioma.

Dedicatoria:

Para mi abuelas Lillian Nancy Ann Eisert (Payne) y Bonnie Bell Graydon.

Sus voces pueden al fin ser escuchadas.

www.ingramcontent.com/pod-product-compliance
Lightning Source LLC
Chambersburg PA
CBHW071412180526
45170CB00001B/82